高校体育教学管理研究

陈 涛 张 靓 沈平梅 著

中国青年出版社

图书在版编目(CIP)数据

高校体育教学管理研究/陈涛,张靓,沈平梅著.
北京:中国青年出版社,2024.11.--ISBN 978-7
-5153-7565-6

Ⅰ.G807.4

中国国家版本馆 CIP 数据核字第 2024LY1907 号

高校体育教学管理研究

作　　　者:	陈　涛　张　靓　沈平梅
责任编辑:	刘　霜　罗　静　邵明田
出版发行:	中国青年出版社
社　　　址:	北京市东城区东四十二条 21 号
网　　　址:	www.cyp.com.cn
编辑中心:	010－57350508
营销中心:	010－57350370
经　　　销:	新华书店
印　　　刷:	北京联兴盛业印刷股份有限公司
规　　　格:	710mm×1000mm　1/16
印　　　张:	9.75
字　　　数:	132 千字
版　　　次:	2024 年 11 月北京第 1 版
印　　　次:	2024 年 11 月北京第 1 次印刷
定　　　价:	68.00 元

如有印装质量问题,请凭购书发票与质检部联系调换
联系电话:010－57350337

前　言

高校教育是一项延续性的综合教育,高校承载的不仅是单纯的"授业解惑",教授专业技能及专业知识的教学任务,更承载着一个个体在走向社会前最后一阶段的人格教育的重任。体育教育在高校学生人格塑造、身体机能、运动技能及敏捷的思维力的养成方面有着其他学科不可比拟的优势,因此要想提高我国高校学生的综合实力,加快与社会人才的需求接轨,必须正确认识高校体育的价值。随着市场经济体系的确立和知识经济时代的到来,高等院校体育教育作为国家培养社会需要的实用型人才的坚实阵地,需要根据时代的新形势及时更新发展。

体育教学管理是高校体育教学顺利开展的重要保障,是提高体育教学质量的重要手段,事关大学生的全面发展。本书的主要内容包括高校体育教学理论研究、高校体育教学模式介绍、高校体育教学方法分析、高校体育教学管理简述、高校体育课程管理、高校体育教学主体与资源管理等。本书是笔者长期从事体育教学实践的结晶,在内容选取上既兼顾知识的系统性,又考虑可接受性,同时强调教学管理的应用性。本书为我国高校体育管理提出多方面的创新性意见,对教师的教学管理和学者进行体育教学管理的改革与研究也有借鉴价值。

本书在撰写过程中广泛参考与借鉴了多位专家、学者的相关论述以及研究成果,在此表示衷心的感谢。因笔者的经验与水平有限,书中难免有不当之处,敬请各位专家和同行及广大读者批评指正。

目 录

第一章 高校体育教学理论研究 … 1
- 第一节 体育教学与高校体育教学 … 1
- 第二节 高校体育教学的特点与目标 … 6
- 第三节 高校体育教学的功能分析 … 16

第二章 高校体育教学模式介绍 … 21
- 第一节 高校体育自主教学模式 … 21
- 第二节 高校体育终身教学模式 … 27
- 第三节 高校体育欣赏教学模式 … 39

第三章 高校体育教学方法分析 … 52
- 第一节 高校体育教学方法的内容与选择 … 52
- 第二节 高校体育教学方法体系的构建过程 … 70
- 第三节 高校体育教学方法的发展创新 … 71

第四章 高校体育教学管理简述 … 78
- 第一节 体育教学管理的基本知识 … 78
- 第二节 高校体育教学管理的目标整合 … 82
- 第三节 高校体育教学管理的发展思路 … 85
- 第四节 高校体育教学质量管理体系的构建 … 94

第五章　高校体育课程管理 …………………………………………… 97
　　第一节　高校体育课程管理概述 ………………………………… 97
　　第二节　高校体育课程管理的现状及措施 …………………… 106

第六章　高校体育教学主体与资源管理 ………………………… 115
　　第一节　体育教师与学生管理 ………………………………… 115
　　第二节　学校体育场地设施管理 ……………………………… 133
　　第三节　学校体育经费管理 …………………………………… 139

参考文献 ……………………………………………………………… 145

第一章 高校体育教学理论研究

高校体育教学是整个学校体育教育系统的关键组成部分,它在整个高校体育教育过程中起着主要的推动作用。高校体育教学的核心目标是培养出拥有健康的身体和创新精神的全面发展的优秀人才,使他们不仅在智力上有出色的表现,而且在体育方面也有所成就。通过对体育教学的进一步的改革和研究,我们可以提升体育教学的质量,从而更快地实现教学目标。本章将从多个角度深入探讨高校体育教学,包括体育教学与高校体育教学的关系、高校体育教学的特点、目标、功能等,以此来全面了解高校体育教学的现状。

第一节 体育教学与高校体育教学

一、体育教学

(一)体育教学的相关概念

1.体育教育

体育教育是一种通过身体活动进行教学的方式,主要目的是锻炼身体。

2.体育教学

体育教学是实现学校体育目标的基本组织形式,也是学校体育的重要组成部分。它以目的性、计划性和组织性为基础,将相关知识和技能传授给学生,发展他们的智力,培养他们的品德,促使他们形成良好的个性。虽然这个过程与其他学科的教学相似,但是体育教学也有其独特性,实现学校体育目标和完成体育任务都需要体育教学这一重要途径。体育教学的范围很广,不仅指学校体育,还涉及竞技体育、社会体育等领域。

综上所述,体育教学是指在学校教育环境中,学生在教师的引导下,主动积极地学习和掌握体育的基本知识、技能和策略,以提高身体和心理健康水平,增强身体活动的能力,同时增强对自然环境和社会环境的适应能力,塑造良好的思想品质和个性特质。

(二)体育教学的基本介绍

随着全球化的不断深入,体育事业的发展水平已经成为评估社会进步和国家发展的一个重要指标。同时,国家与地区的交流也离不开体育这一桥梁。体育涵盖了竞技体育、大众体育、学校体育等多个领域,包括体育教育、体育活动、体育文化、体育竞赛、体育经济等诸多元素。尽管体育教学的概念可以追溯到很久以前,但真正的快速发展是在现代社会。自20世纪60年代以来,随着信息技术的飞速发展,人类社会进入信息时代。高科技、新技术、新材料、新能源、生物工程等在社会的各个领域得到了广泛的应用,推动了社会生产力的发展,使人们的生活节奏加快,提高了人们的生活水平,改善了人们的生活环境。然而,随着电气化、自动化和智能化的深入推进,人们的身心健康面临着巨大的挑战。

20世纪70年代,联合国教科文组织强调人才应适应社会的发展和需求,即培养出具有"健康的身体、崇高的道德品质和丰富的科学文化知识"的全面型人才。同时,联合国教科文组织指出,体质应作为评价人才的标准之一,也是"三育"(德育、智育、体育)教育中的首要标准。因此,这使得体育教学在学校教育体系中的地位和作用得到了显著提升,并引发了社会各界的关注。

(三)体育教学论

体育教学论是一门研究体育教学现象和规律的科学,它主要关注现代体育教学中的各种现象及其背后的规律。由于体育教学论既包含理论又涉及实践,因此可以将其划分为两个部分:体育理论教学论和应用体育教学论。在应用体育教学论中,体育理论教学论又可以被划分为多个子类别。

二、高校体育教学

(一)高校体育教学的构成要素

高校体育教学的构成要素是指体育教学的结构要素与过程要素,具体分析如下:

1.高校体育教学的结构要素

体育教学的结构是由对体育教学产生影响的各种要素及其相互之间的关系构成。体育教学的基本结构要素包括体育教材、教学方法、教师和学生等。体育教学的结构由以下三个方面的要素构成。

(1)参与者。体育教学的参与者包括体育教师和学生,他们是体育教学的主体。

在体育教学的参与者要素中,体育教师扮演着外部主导的角色,主要职责包括计划、组织、管理、监控等。体育教师的专业素质对其职能的发挥和体育教学效果有着直接的影响,因此要求他们必须具备高度的敬业精神和优秀的业务能力。

在体育教学过程中,教师的主要教育对象是学生,这是另一个重要的教学主体。教师向学生传授体育知识和技能,学生应该在教师的引导下积极参与学习,发挥自己的智慧,从而取得良好的学习效果。因此,从广义上讲,在体育教学中,学生是一个重要的限制因素和调控因素。在教学过程中,作为受教育者的学生是一个群体,许多方面存在共性;但由于各种因素的影响,学生之间的个体差异也很明显。学生是否积极主动地参与体育学习,对教学质量有着决定性的影响。因此,针对学生的特点和差异因材施教,从而激发学生的学习兴趣是体育教师的主要职责。

(2)施加因素。体育教学需要满足社会对学生的期望,这主要体现在体育教学的任务、内容、教学大纲、教学计划等方面,这些是外部施加给体育教学的影响因素,主要作用是连接体育教学的教师和学生。体育教学的过程是由任务、内容和计划等要素决定的,并以这些要素为基础来组织和实施教学。体育教学任务和内容的价值体现在两个方面,即显性和隐性,处理好这两类价值的关系有利于促进学生健康和谐发展。

(3)媒介因素。体育教学是一个有组织的信息传递过程,需要在特定的时空条件下进行。媒介作为传递信息的渠道,具有针对性、可控性、安全性、抗干扰性、实用性等特点。为了能够顺利地传递信息,在体育教学中需要具备场地器材、环境设备和组织教法等重要媒介。

在这些媒介中,场地器材和环境设备是体育教学的基本物质条件。场地器材包括运动场、器械设备等,它们是进行体育锻炼和技能训练的必备条件;而环境设备则包括灯光、音响等,它们可以为学生营造一个良好的学习氛围,提升学生的学习效果。组织教法则是将学生、教材和物质媒介有机地连接起来,对教学过程进行调控的重要手段。合理的组织教法可以使学生更好地理解和掌握体育知识和技能,提升体育教学的效果。

因此,体育教学质量能否得到保证,在一定程度上要看是否具备高质量、现代化的媒介条件,只有具备了这些条件,才能够为学生提供更好的学习体验和教学效果。

在高校体育教学过程中,这三大要素是动态结合、不断变化的,其中,教师的指导和调控起着至关重要的作用。体育教师需要熟练掌握各种教学艺术,充分调动学生的学习积极性,合理调控各种要素,以提高教学质量,顺利完成教学任务。高校体育教学的结构要素见表1-1。

表1-1 高校体育教学的结构要素

结构要素	具体要素
参与者	体育教师
	学生
施加因素	教学任务
	教学内容
	教学大纲
	教学计划
媒介因素	场地器材
	环境设备
	组织教法

2.高校体育教学的过程要素

高校体育教学的过程要素具体包括以下四个方面。

(1)体育教学目标。体育教学的目标决定了其价值取向。只有确定了教学目标,才能明确教学方向和归宿,并指导教学过程。在体育教学评价中,教学目标也是一个重要的定向参考因素。如果没有明确教学目标,教学就会失去方向,无法有效地进行。因此,在体育教学中,确定教学目标是非常重要的。

(2)体育教学内容。在体育教学中,体育教师所传授的体育与健康知识、技能和方法等都是教学内容的一部分。教学内容的质量直接影响着教学目标的实现和教学质量的提高。因此,科学选择教学内容,并有效地实施,才能使教学过程更加顺利,并达到相应的效果。

如果没有教学内容,体育教学就不能被称为真正的体育教学,而只是简单的体育锻炼。这时,体育就不再是一个学科,而是一项较为空洞的活动。因此,在开展体育教学时,选编和运用合适的教学内容非常重要。在制定教学内容时,需要充分考虑学生的需求、社会的要求以及学科体系的完整性。

(3)体育教学策略。体育教师根据教学目标和学生的实际情况,选择合适的教学技术和手段,这些技术和手段就构成了体育教学策略。此外,帮助学生理解教学内容的各种信息以及传递这些信息的方式,也属于教学策略的范畴。

体育教学策略与体育教学目标、教师、学生等因素密切相关,且对教学工作的成败和效率有直接的影响。为了更有效地开展体育教学,完成教学任务,教师需要科学地选择教学方法、组织形式和手段。

(4)体育教学评价。体育教学评价是依据体育教学目标制定标准,运用有效的技术手段测定和分析体育教学活动的过程和结果,并进行价值判断的过程。其主要目的是促进教学质量的提高和学生的全面发展。

体育教学评价是体育教学的一个重要组成部分,它与教学目标、教师等因素有着密切的关系。通常情况下,体育教学评价的指标由教师根据教学目标来制定。

(二)高校体育教学的原理

高校体育教学的核心内容是各种体育运动项目。因此,在设计高校体育教学内容时,必须重视不同项目的教学,并结合运动兴趣和情感体验,将具体的项目教学原理融入其中。这样,我们才能通过科学的教学方法更好地实现学生在运动技能形成和发展过程中的不断追求,以及更好地促进个体本能、生物价值观和社会文化价值观的融合。

高校体育教学原理既有理论层面的原理,又有实践操作层面的原理,具体见表1-2。

表1-2 高校体育教学原理

体育教学原理	具体内容
理论层面	兴趣、情感、习惯、观念链式循环原理
	自在趣味性强化原理
	非自在动作规范强化原理
实践操作层面	自然追求与技术理性相结合原理
	练习与强化相依关系原理
	练习的适宜难度负荷原理

无论是在理论层面还是实践操作层面,教学原理都是基于运动项目进化的价值观和科学的和谐法则在发挥作用。

第二节 高校体育教学的特点与目标

一、高校体育教学的特点

(一)以传授体育技术、技能为主要内容,根本目的在于增强学生体质

大学生进行体育锻炼的主要目的是增强体质,以更好地为国家建设贡献力量。在体育教学内容中,丰富多样的运动项目是大学生锻炼身体的主要手段。因此,体育技术和科学知识都是大学生需要掌握的内容,同

时也是体育教师主要教授的内容。通过反复学习和练习,大学生可以将所学技术转化为技能,从而能够自主、有效地锻炼身体。此外,了解体育科学知识也能够指导大学生科学地锻炼身体。

体育技术和体育知识是高校体育教学的重要内容。在高校体育课程设置中,体育技术内容通常比体育理论知识内容占比更大,这是体育教学与文化课程教学在内容上的主要区别之一。文化课程主要涉及文化知识,掌握这些知识有利于学生更好地从事生产实践并在实践中发挥自己的能力,而体育课则注重技术和技能的学习,这有助于促进大学生健康成长。

(二)以肌体参与活动和教学组织的多样化为特征

在文化课教学中,学生主要通过思维活动来掌握教学内容。而在体育课教学中,学生需要进行身体活动,即除了思维活动外,还需要进行肌肉活动。在肌肉活动中,学生通过感觉肌肉,向中枢神经系统传递信息,经过大脑的分析与综合,从而在理性上认识体育技术、技能。如果大学生缺乏必要的身体活动,就无法掌握体育教学内容,特别是技术技能类教学内容。

在体育活动过程中,大学生的肌肉会反复受到各种刺激,从而建立起条件反射,通过这个过程,学生不仅可以学习体育技术,还可以锻炼身体、增强体质,进而提高健康水平。在高校体育教学中,身体活动对于大学生的身体和心理健康发育都非常重要。

体育教学主要以集体教学为主,但由于学生在性别、性格、身体素质、活动能力等方面存在差异,再加上客观环境的影响,就需要采用多样的组织形式来满足不同学生的需求,适应不同学生的特点,从而提高教学效果。

在高校体育教学中,教师应该善于运用社会学、教育学、生理学、心理学等多种学科知识,精心组织体育课程,使体育教学过程符合教学规律的要求。

(三)以对学生品德、心理品质培养的特殊作用显示其教育功能

体育运动具有独有的特征,而体育教学正是通过这些特征对学生产生积极的影响。首先,竞赛性是体育运动的重要特征之一,因此体育教学能够培养学生的竞争意识和竞争精神。其次,体育活动需要遵守规则,这有助于培养学生的诚实守信品质。再者,体育运动需要参与者克服自身的生理限制并勇敢面对外界的阻力,这有助于培养大学生勇于拼搏的意志品质和吃苦耐劳的精神。最后,体育活动通常需要团队合作,这有助于提高学生的交际能力和协作能力,同时引导学生树立良好的集体主义精神和爱国主义精神。

总之,现代社会对大学生的要求不仅是拥有良好的知识技能,更需要具备优秀的意志品质和思想品德。在体育教学中,这些素质的培养都是非常重要的。

在新时代,体育教学的教育功能变得愈加明显和突出。当前,全球正在进行一场新的技术革命,这为世界各国带来了良好的发展机遇,同时也带来了巨大的挑战。发达国家和发展中国家在某种程度上处于同一起跑线上,对于发展中国家而言,技术革命是接近发达国家发展水平的绝佳机会,人才的培养可以推动科技进步,教育则是培养人才的主要途径。只有通过促进中华民族整体素质的提升,人们才能从新技术革命中受益。

实现体育教育功能关键是提高人口素质,而体育不仅可以增强人们的身体素质,还可以提升人们的思想素质。只有深刻认识体育教学的特点,体育教师才能更好地组织和管理教学活动;只有充分发挥体育教学在现代化人才培养中的重要作用,不断提高教学质量,才能为中华民族整体素质的提升和社会主义现代化人才的培养贡献力量。

二、高校体育教学的目标

(一)体育教学目标的概念

体育教学目标是指体育教学中师生预期达到的学习效果和标准。

(二)体育教学目标的分类

体育教学目标包括认知领域、情感领域及动作技能领域,具体内容如下:

1.认知领域的教学目标

认知领域的教学目标有不同的级别,这是由布卢姆等人提出来的。

布卢姆等人提出的认知领域教学目标的分类体系后来被安德森等人进行了改革,重新修订后的认知领域教学目标分类体系包括知识和认知过程两个不同的维度,它们各自有自己的目标(见表1-3)。

表1-3　认知领域教学目标的分类体系

二维分类	具体目标
知识维度	事实性知识
	概念性知识
	程序性知识
	元认知知识
认知过程维度	记忆
	理解
	运用
	分析
	评价
	创造

2.情感领域的教学目标

情感领域的教学目标根据价值内化程度可分为五个等级:接受、反应、形成价值观念、组织价值观念系统和价值体系个性化。

3.动作技能领域的教学目标

如果按照动作技能领域目标的六分法,则动作技能领域的教学目标可分为六部分,即"反射动作""基本动作""知觉能力""体能""技巧动作""有意的沟通",这是由哈罗等人提出的观点[①]。

(三)体育教学目标的结构

体育教学目标结构要素是分层的,并且是层层递进的。体育教学目标的结构要素主要包括以下四个方面。

1.学校体育目标

学校体育目标是指在一定时间内,学校期望通过体育活动所实现的

---

① 黎加厚.新教育目标分类学概论[M].上海:上海教育出版社,2010.

效果。它由三个要素组成:条件目标、过程目标和效果目标。

高校体育教学目标的制定应以学校体育目标为依据,这样才能更好地实现学校体育目标,以达到预期的效果。

2. 体育教学总目标

体育教学总目标指的是依据体育教学目的提出的体育教学预期成果,它包含以下三个方面的目标。

(1)实质性目标。使学生对体育知识和技能加以掌握。

(2)发展性目标。使学生身心素质得到全面锻炼和发展。

(3)教育性目标。使学生形成正确的世界观和良好的个性品质。

3. 单元目标

单元目标是指导高校体育教学的重要目标,可以为体育教师设计体育单元教学提供主要依据。体育单元教学目标有三种类型:独立型、阶梯型、混合型。

4. 课时目标

课时目标指的是体育课堂教学目标,是每节体育课的教学目标,是具体的目标。

(四)体育教学目标的制定

体育教学目标的制定需要参考一定的因素,遵循相关的要求,确保体育教学目标的有效性,从而充分发挥体育教学目标的引导作用,具体见表1-4。

表1-4 体育教学目标的制定依据与要求

体育教学目标的制定依据	体育教学目标的制定要求
体育教学目标的特点因素	分析学生的需要(学习成绩、学习能力、学习条件)
教育要求因素	分析体育教学内容
体育功能因素	注意目标间的连续性
学生需求因素	注意目标间的层次性
教学条件因素	—

(五)体育教学的效果目标

我国高校体育教学的目标是增强学生体质、提高身心健康水平,培养学生的体育能力和思想品质,促进学生的全面发展,使他们成为合格的社会主义建设者。

现阶段我国高校体育教学的效果目标具体表现在以下四个方面。

(1)使学生身体得到全面锻炼,增强体质。

(2)使学生对体育教学的基本知识、应用技能等内容加以了解与掌握。

(3)使学生具备良好的思想品德,促进学生个性发展。

(4)提高学生的运动能力,为国家运动队培养并输送优秀的后备人才。

上述效果目标之间相互联系、相互促进,共同组成一个统一的不可分割的整体,并且需要采取有效的途径一步步落实。

三、实现体育教学目标需坚持的基本教学原则

(一)日积月累,提高身体素质

1. 含义

"日积月累,提高身体素质"原则是指在体育教学中,经常通过适量的技能练习、各种游戏、比赛以及"课课练",使学生的各项身体素质得到全面发展。

2. 贯彻该原则的要求

(1)根据学生的身体发展状况来安排身体活动量。

(2)根据体育教学目标来安排身体活动量。

(二)因材施教,体验运动乐趣

1. 含义

"因材施教,体验运动乐趣"原则是指在体育教学中,需要考虑到学生个性、身体素质和认知水平的差异。教师应该让学生在掌握运动技能和进行身体锻炼的同时,体验到运动的乐趣,激发学生对运动的热爱,并帮助他们养成良好的运动习惯。

"因材施教,体验运动乐趣"原则是基于游戏的特性和体育教学中运动情感变化规律而提出的。体育运动本身就充满了乐趣,而乐趣正是体

育活动的特点之一。一个人从不会到熟练掌握一项运动,会经历成功并感受到乐趣。有些项目本身就非常有趣、充满变数,可以让人乐此不疲地进行下去。同时,在运动中同伴之间的巧妙配合也会带来许多意想不到的乐趣。尽管有些项目的锻炼过程可能会让人感到劳累和痛苦,但在锻炼结束后,人们会感到满足和愉悦,这也是体育运动充满乐趣的表现之一。体验运动乐趣是人们从事身体运动和参加体育比赛的目的之一,因此,让学生体验运动乐趣是体育教学的一个重要目标,教师需要想方设法地满足学生对运动乐趣的需求。

2. 贯彻该原则的要求

(1)对运动乐趣问题要正确理解和对待。

(2)善于从"学习策略"的角度对运动乐趣加以理解。

(3)将掌握运动技能与体验运动乐趣的关系处理好。

(4)对有利于学生体验运动乐趣的教学方法进行开发与运用。

(5)为学生获得成功的运动体验创造条件。

(三)言行规范,增强集体意识

1. 含义

"言行规范,增强集体意识"原则是指在体育教学中,要发挥集体的作用,将自己融入集体中,规范自己的言行举止,明确自己的位置和角色。教师引导学生完成自己的任务,积极协助其他同学,共同为达成集体目标而努力,这一原则强调了集体意识的重要性。

由于体育教学主要在室外进行,受到场地器材和活动范围的限制,因此体育学习通常以小组形式组织。这种学习方式与集体形成有着内在的联系。教师应该注重培养学生正确的集体意识和良好的集体行为,使学生学会关心他人、帮助他人,积极参与集体活动,为未来步入社会打下良好基础。

2. 贯彻该原则的要求

(1)对体育教学活动中的集体要素进行充分挖掘。

(2)采用教学分组的教学组织形式。

(3)向学生提出共同的学习任务,使其相互帮助,相互合作。

(4)处理好"集体意识"和"发挥个性"之间的关系。

(四)潜移默化,积淀运动文化

1.含义

运动文化包括各种体育知识、运动技能、体育运动相关媒介等各种形式和物化状态的内容,是构成体育课程内容的重要组成部分。在体育教学中,让学生通过多种方式增加学生对古今中外优秀运动文化的了解和认知,掌握体育知识和技能,并通过自身实践不断积淀和提升自身的运动素养和文化水平,从而传承和发展运动文化,这也是《中小学体育课程标准》中的重要原则之一。

2.贯彻该原则的要求

(1)将体育教学中的认知因素重视起来,使学生能够"学懂"。

(2)对有利于学生运动认知的教学方法进行开发与运用。

(3)对"发现式学习"和"问题解决式教学法"进行科学合理的运用。

(4)运用现代化工具培养学生学习的积极性。

(5)创造良好的运动文化环境。

(五)防微杜渐,保证安全环境

1.含义

"防微杜渐,保证安全环境"原则是指在体育教学中,要创造和提供安全的运动环境,让学生能够安全地进行体育锻炼。同时,还要对学生进行安全运动的教育,增强他们的安全意识和运动安全保障能力。

在体育技能教学中,存在许多危险因素,如角力活动、非正常体位活动、剧烈身体活动、器械上身体活动、持器械身体活动等,这就要求教师在教学过程中提前预见潜在的危险,并制定应对不可预知危险的预案,为学生提供安全的软硬件环境,并进行安全教育,以消除潜在的危险因素。

2.贯彻该原则的要求

(1)在体育教学中建立安全运动的规章制度。

(2)防微杜渐,详细考虑所有危险因素(表1-5和表1-6)。

(3)制定防止伤害事故的预案。

(4)时刻进行安全警示。

(5)对练习内容难度进行控制,使其在学生能力范围内。

（6）充分发挥学生安全员的积极性。

表1-5　体育教学中可预测的危险因素

可预测的危险因素	举例
因学生身体素质差和活动内容差异导致的危险因素	（1）不熟悉运动 （2）力量不够 （3）动作难度大 （4）缺乏保护与帮助
因学生思想态度导致的危险因素	（1）鲁莽 （2）不听教师的建议 （3）没有做好准备活动 （4）着装不规范等
因场地条件变化导致的危险因素	（1）在破损的塑胶地绊倒等 （2）在雨雪地滑倒
因器械损坏导致的危险因素	（1）羽毛球拍头脱落飞出 （2）双杠折断 （3）绳索折断等
因特殊天气导致的危险因素	（1）酷暑天运动 （2）严寒天运动 （3）暴雨天运动 （4）狂风天运动
因学生身体状况变化导致的危险因素	（1）伤病期间勉强参加运动 （2）女生在生理期运动

体育教学中还有一些不可预测的危险因素，也要特别注意，见表1-6。

表1-6　体育教学中不可预测的危险因素

不可预测的危险因素	举例
情况多变导致的危险因素	（1）球类运动的碰撞 （2）球类运动的摔伤
无法保护、帮助导致的危险因素	（1）跨栏跑 （2）球类比赛 （3）健美操比赛
各种意外导致的危险因素	（1）随机性摔伤 （2）不常见的伤害

教师要以体育教学规律和特点为依据，对体育教学进行科学设计，整合教学资源，提升教学效果。同时，要突出体育教学的特点，充分发挥其

作用。只有这样,才能让学生在愉快的氛围中学习运动技能,增强体质,培养健康的生活方式,具体的体现教学原则的案例如表1-7所示。

表1-7 科学贯彻体育教学原则的案例(以足球教学为例)

题目	进入足球世界	课时预计	10学时	辅助内容	发展速度和灵敏度
单元学习目标	(1)激发学生的学习兴趣,创造良好的足球文化氛围,使学生积极参与足球技术学习 (2)使学生在挑战自我的过程中克服困难,达到目标,并体验欢乐 (3)结合足球特点对学生的灵敏度和耐力素质进行培养					
课次	学习内容	课时学习目标	学习策略	辅助内容	改造规则
1	足球游戏	在游戏中感受足球的乐趣和魅力,使学生的应变能力得到充分发挥;了解足球运动基本规则;对个人与集体的关系加以体会	参与踢球游戏;组织游戏比赛	跑类游戏	按照橄榄球的形式参与比赛
2	运球与个人突破	对运球动作与方法进行明确;在比赛中合理运用个人突破技术;在足球游戏中,与同伴充分配合	各种玩球练习;各种运球练习;突破防守练习;分层防守练习;停球过人练习	规则介绍;合理冲撞与犯规	以底线为球门,运球越过对方底线得分
3~4	激动人心的射门	在研究性学习中明确脚背射门的技术要领;促进分析与解决问题能力的提高;培养学生的良好意志品质	研究问题:如何射门力量大?如何才能准确射门?如何分析与归纳技术	速度练习	在射门前调整分层教学比赛
5~6	传接球技术	掌握脚内侧传球技术;提高技术水平;增强自信	传接球练习;点球大战;踢准比赛	介绍规则;灵敏素质练习	不设守门员进行比赛;必须在禁区外用脚内侧完成攻门
7~8	精彩的头顶球	记住头顶球技术的要领,提高在合作中感悟战术的意识。在设置的各种情境中进行练习,形成一定的技能	原地练习;攻门的分层练习;鱼跃的实战运用	基本自我保护方法	比赛中可以用手

续表

课次	学习内容	课时学习目标	学习策略	辅助内容	改造规则
9～10	足球教学比赛	体验足球的乐趣；对足球常用阵形与基本规则进行明确；在实战中对自己的运动技能进行检验；在比赛中与同伴协调合作	安排比赛阵形；组织教学比赛；点评自己和他人的表现	发展体能的练习；欣赏体育比赛	根据学生的水平设3分球

第三节　高校体育教学的功能分析

　　高校体育教学功能是指高校体育以其自身的特点对学生和社会产生良好的影响和作用。高校体育教学的特点包括培养学生的身体素质、促进学生的身心健康、增强学生的团队意识和协作精神、提高学生的文化素养和审美能力等。

　　然而，要充分发挥高校体育教学的功能，不仅需要教师具备专业的知识和技能，还需要有良好的教学环境和设施，同时也离不开学生对体育教育的重视和积极参与。只有当这些因素都得到满足时，高校体育教学才能真正发挥应有的作用，为学生和社会带来更多好处。

　　随着社会的进步和体育教学地位的不断提升，人们对高校体育教学功能的认识也越来越全面和深入，这都有利于进一步推动高校体育教学的发展，促进大学生的全面发展，进而有利于社会主义物质文明和精神文明建设。因此，我们应该更加重视高校体育教学的功能，不断探索和创新教学方法和手段，为学生提供更好的体育教育服务。

　　具体来说，高校体育教学的主要功能表现如下：

一、健身娱乐功能

　　高校体育教学的一个重要目标，是教会学生如何合理、有效地利用身体，保护身体健康。学生的体育学习是一种完善身体的过程，通过锻炼身体来提高身体素质。生物学规律"用进废退"在人体发展中体现得非常明显,只有科学合理地参加体育锻炼,才能使大学生身体的极限效能得到充分发挥。

在锻炼过程中,神经、肌肉会保持活跃状态,使人体运动系统和其他生理系统的功能得到有效的保障,并产生许多良好的反应。因此,在体育教学中,学生能否快乐地参与其中,关键在于学生是否从内心深处喜欢运动,是否情绪高涨。只有在内心十分喜欢运动的情况下,学生才能真正享受运动的乐趣,从而达到锻炼身体、提高健康水平的目的。

随着社会的进步和生活条件的改善,大学生的饮食营养已经得到了很好的保障,生活条件也得到了很大程度的提高,这为大学生进行身体娱乐活动提供了良好的条件。在体育教学中,学生的身体娱乐以身体活动为主要形式,相较于其他娱乐方式,这种方式更健康。

因此,大学生在体育学习中进行适度的身体娱乐活动,不仅可以增强身体素质,还可以缓解压力、调节情绪,促进心理健康。通过参与体育活动,大学生可以更好地享受生活,也可以更好地适应社会的发展和变化。

二、培养竞争意识

人类生活与竞技比赛存在高度的相似性,因为人类在自然、社会等方面存在竞争关系。只有通过不断的竞争,人类才能超越自己,完善自己,过上理想的生活。因此,创造有利的条件来不断充实自我是竞争者必须重视的问题。这里的条件指的是竞争者受自己意识支配的合理竞争行为。

参加比赛和观看比赛都是人们生活中非常重要的竞争预演。运动场可以被看作一个浓缩的现实社会,这个小社会虽然比较特殊,但可以反映大社会的方方面面。在运动场上,可以培养参与者良好的品质和行为习惯,依据迁移原则,这些积极的变化会有效地作用于参与者的日常行为,增加社会认可和可接受度。

在运动场上有输有赢,社会生活的其他方面同样如此,只不过其他方面的输赢更多地体现在得意与失意上。胜者当然光荣,受人拥戴,但输家也不可耻,也需要人的认可与尊重。不仅是运动员,包括大学生在内的所有群体都应该养成胜不骄、败不馁,顽强拼搏,勇于进取的良好品质。

体育运动强调公平竞争,因此体育教学对于大学生良好竞争意识的培养具有重要意义。顾拜旦作为现代奥林匹克运动的创始人和奠基人,他不仅是一位伟大的教育家,还是一位竞技家。他曾积极地将英国的竞技体育制度宣传给法国人民,并通过奥林匹克运动有机地融合了体育与文化教育。

因此,竞技运动是高校体育教学的重要内容之一,通过传授相关内容,大学生可以不断超越自我,不断完善自我,树立良好的竞争意识。这种教育意义远比让大学生在竞技比赛中夺冠更为重要。

三、发展适应能力

在现代社会中,竞争日益激烈,生活压力也越来越大,适者生存的观念已经深入人心。因此,大学生必须具备良好的社会适应能力,才能更好地立足社会。体育教学对于培养个体适应能力具有重要的作用。

社会适应能力是一个广泛的概念,不同的人侧重点不同,但大学生只有具备全面的个人适应能力,才能更好地适应社会环境的变化。这里的全面包括身体、心理、情感、道德等方面,缺一不可。

体育教学贯彻"以人为本"的理念,充分尊重学生的兴趣爱好,这样的教育活动有利于培养和提高大学生的适应能力。通过参与体育活动,学生可以锻炼身体、锤炼意志品质、增强自信心和自尊心,从而更好地适应社会环境的变化。

四、改变行为

体育教学可以提高大学生的适应能力,从而影响他们的行为,产生有益的变化。在体育教学中,很多活动与行为都符合社会要求,因此很容易被社会认可和接受。与此相反,那些与社会要求不符的行为则难以得到社会的接受,甚至可能会遭到阻止。

合乎社会要求的体育活动对大学生来说具有很高的价值,能够促使他们不断调整自己的行为,向社会道德准则和行为规范靠近。此外,体育教学还有利于培养大学生的智力,发挥他们的聪明才智,使他们有想法、有干劲、有创新,并使大学生的行为更加机智、勇猛。

五、改造经验

经验对于每个人都至关重要,在生活中我们无时无刻不在积累经验,而经验的积累又使我们能够更好地应对生活。随着经验的不断累积,人们会逐渐提高自己的生活能力。

每个人的经验都是丰富多样的,对于参与体育学习的大学生来说,除了学习读写算等基本技能外,还需要具备多方面的专门经验。这些经验具体表现在以下三个方面。

(一)动作经验

坐、立、行、举手、投足等是最基础的动作经验,而判断距离、速度、时间等则是相对复杂的动作经验。在体育教学中,大学生需要掌握这些动作经验,以便更好地参与体育锻炼。

除此之外,大学生还需要具备应对突发事件的能力。例如在比赛中突然受伤或者遇到紧急情况时如何应对,而这些能力与经验也可以在体育教学中获得。因此,体育教学活动不仅可以培养大学生的基础动作经验,还可以提高他们的应变能力和危机处理能力,使他们更好地参与体育锻炼。

(二)品格经验

在体育运动中,品格经验非常重要。只有那些具备公平竞争、信守诺言、遵守法规制度、协调合作的参与者才能得到社会群体的认可。如果缺乏这些社会品质,往往会遭到排斥。

体育活动是一个展示个人品格和社交能力的平台。通过参与体育运动,大学生可以磨炼自己的意志品质,增强自信心和自尊心,同时也可以提高自己的社交能力和团队协作能力,这些都是非常重要的品格经验,对于大学生成长成才至关重要。

在体育活动中,参与者需要遵守比赛规则和道德准则,尊重对手,遵守裁判的决定,不使用任何违规手段取得胜利,这种公平竞争的精神和遵守规则的态度是大学生不可缺少的优秀品格。同时,体育活动也需要参与者具备良好的沟通能力和协调能力,这样才能更好地完成团队任务,达成共同目标。

因此,在体育教学中,除了提高身体素质外,还需要注重培养学生的品格经验和社会技能,把他们培养成具备全面素质的人才。

(三)情绪经验

现代社会是一个文明社会,社会个体需要以文明的方式来表达自己的情感,否则会对社会的秩序和和谐造成负面影响。体育教学有助于大学生学会调节自己的情绪,保持良好的心理状态。

任何学生都需要具备良好的品质,这是必备的素质之一。体育教学是一种综合性的教育,同时也是非常重要的生活教育手段,能够对大学生的情绪、心智、行为、品性等产生积极的影响,使大学生得到更加全面的发展。在体育教学中,大学生可以通过各种运动释放压力,缓解不良情绪,并通过团队合作、竞争等方式来培养自己的领导能力和协作能力。

因此,体育教学不仅有助于提高学生的身体素质,还可以培养学生的心理素质和社会技能,使他们成为全面发展的人才。同时,体育教学也可以让大学生更好地了解社会规范和道德准则,从而更好地适应社会生活。

第二章　高校体育教学模式介绍

第一节　高校体育自主教学模式

一、我国高校"三自主"体育教学中的异化现象

(一)高校体育课程目标的泛化

高校体育课程目标在改革进程中经历了技能论—体质论—三维健康观的转变,在转变过程中人们容易混淆体育与健康之间的概念,片面夸大体育的健身功能,在实践的过程中要求面面俱到,而结果却什么都没有实现,最终使高校体育课程指标泛化,连最基本的学生体质都不能改善,从而发生异化。主要表现在以下三个方面。

第一,体能健康测试标准要求太低,导致学生的体质持续下降。在进行体能健康测试的过程中,为了能让学生及格以及获得好的成绩,体育教师可能不按体能测试标准计分而是放宽测试要求,不管体育教师出于什么目的,这种做法只能助长学生的懒惰和不上进,倘若学生可以很轻松就达标的话,平时在体育练习上花费的时间就更少了,更别说自觉地去进行体能锻炼了。

第二,学生有怕苦怕累的消极思想。"三自主"体育教学模式的本意在于充分尊重学生的兴趣爱好和个性发展,以便更好地发挥体育教育的效能,使受教育者得到更好的教育并获得最好的效果。但实践表明,学生的选择并非都是合理的,很多学生在选课时,首要考虑的是哪门课易得到高分(体育成绩与奖学金挂钩,体育得分越高学分绩点越高);次要考虑的是上课环境,怕上室外课,更怕风吹日晒、灰尘、雨淋等;最后才选自己喜

欢的体育课。

第三，考核标准华而不实。考核标准是为了衡量学生的学习状况与体质水平，而不是做报表，体育成绩不等同于身体健康，但无疑是对学生体质健康状况的重要衡量尺度之一。如果高校降低体育课程的要求，特别是降低考核的标准来求得书面成绩上的达标，这绝不意味着体育教学质量和学生体质的真正提高。

(二)体育行为的异化

"教材多样化"要以培养学生体育应用能力为目标，以终身体育为主线。重视学生生理、心理发展规律，注重学生的经验、兴趣、个性，选择对终身体育必备的知识和技能，关注与经济、社会和生活的联系，体现科学性、基础性、实用性和可行性。体育教材的选择要考虑五个要点：一要有利于提高学生的技能；二要有利于体育文化的继承；三要有利于形成学生身体锻炼的习惯；四要符合我国高校体育的实际；五要为学生未来的生活服务。

一般来讲，学生更倾向于娱乐性、休闲性、时尚性的健身项目，如乒乓球、羽毛球、台球、健美操、瑜伽等运动量小的室内项目，而对传统的、对抗性强、运动量大的项目，如对体操、田径等项目兴趣不大，甚至连排球、足球选择的人数也在逐渐减少，致使有的高校干脆取消了田径、体操项目，使高校体育课程的设置出现了残缺，使体育行为产生了异化。

高校体育要为学生终身体育打基础已成为世界各国的共识，体育教学内容日渐融入大量的具有终身体育性质的项目。一些可以终身进行的运动项目，如羽毛球、游泳、健美操等占体育教学内容的一半，体现了教学内容的终身化倾向。首先，高校在设置体育项目的时候一定要克服"高校的毕业也是体育的毕业"这种现象，必须使学生在高校学习的体育锻炼技术与方法能够运用于终身体育。一些新兴、时尚、极限项目可以作为选修课程，提高学生的兴趣，丰富校园体育文化生活；但作为高校体育必修课程的教材，无益于终身体育和全民健身计划的实施。其实，在学生选择体育项目之前，有关部门或者教师一定要对学生进行引导，这样才能使学生根据自身情况选择适合自己的运动项目。

（三）体育教学方法的异化

体育教学方法要讲究个性化和多样化，提倡师生之间、学生之间的多边互助活动，努力提高学生参与的积极性，最大限度地发挥学生的创造性。不仅要注重研究教法，更要加强对学生学习方法和练习方法的指导，提高学生自学、自练的能力。实践证明，探究式的教学方法不仅可以激发学生的学习兴趣、提高学生参与的积极性，还可以培养学生的创造力。然而，一些教师却认为探究式教学就是让学生自己玩，教师在一旁观看，没有发挥相应的引导作用，没有体现教师的主导地位，从而形成新的放羊式教学，使体育教学方法产生异化。要想运用好探究式教学方法，首先体育教师必须做大量的准备工作，不仅要考虑如何分组、如何创设情境、如何提供相应的材料供学生利用，还要考虑如何检验学生的探究成果、如何评价等。学生进行探究式学习的过程也是体育教师进行探究式教学的过程，只有教师给予学生相应的指导，才能更好地开发学生的创造性思维，才能保证在有限的教学时间里完成教学任务。

二、我国高校实施"三自主"体育教学的对策研究

（一）正确认识"健康第一"的指导思想，促进体育目标的实现

"健康第一"的指导思想，是在我国深化体育教育改革全面推进素质教育的形势下，确定了高校体育卫生工作在素质教育中的重要地位和独特作用。健康的身体是人的道德、认识、理想、情操、信息等"软件"依靠的载体，所以我们要正确认识"健康第一"的指导思想，提高素质，必须把改善学生体质健康状况，大力提高学生的身体心理素质放在首位，这也是实现高校体育课程目标的本质所在。但是我们不能盲目夸大高校体育的功能，增加高校体育的压力。所以，高校以及体育教师应该重视对学生的正确引导，通过体育实践，师生体验到尊重、理解、宽容、合作、责任等积极健康的情感，使学生更加自尊、自信、自强。教师通过运用体育科学教育手段，使学生对运动锻炼的效果产生价值认同，并形成稳固而健康的生活形

式。让学生真正懂得身心健康对社会发展和个人生活的重要性,从而激发学生积极参加体育锻炼,以磨炼意志,培养自己的拼搏进取精神和公平竞争意识。从而促使高校体育课程目标的实现。

(二)改善体育物质环境,确保"三自主"体育教学的全面实行

目前,普通高校中大多存在室外活动场地较充裕,室内场地严重不足的现象。普通高校应重视学生活动场所的建设,都配备有田径场1～3块,篮球、排球、器械区域若干。随着高校的发展,部分高校陆续建立了网球场,开辟了乒乓球场,拓展体育场地等,改善了教学条件,调动了学生的锻炼积极性。但总体上讲,室内运动场地的缺乏与学生锻炼需求的矛盾还没有得到根本缓解。虽然大部分普通高校都建有体育馆,但人多馆少且大多数时间被校运动队训练、各种比赛和一些校内大型活动占用,可用于日常教学的时间非常有限,导致很多室内项目无法开展,某些项目即使勉强开展,也无法满足学生的需要。

(三)加强师资队伍建设,满足学生的不同需求

普通高校传统体育教学是以竞技体育为主线的模式,受此影响,高校体育师资力量的培养都是以此为中心进行的,如传统体育类师范院校培养的师资专项绝大部分都是以田径和球类为主。其中,只有田径和三大球基本能满足教学需要,其他项目的师资还远远不能满足教学需求,有的项目还处于匮乏状态,给"三自主"体育选项课带来了不利的影响。为了解决这个问题,各高校采取了不同的做法,来缓解供需矛盾。大部分高校采用"走出去"的办法来提高体育教师的综合素质,通过暑假参加各类培训班对自身业务能力进行"充电",特别是学生兴趣集中的新兴体育运动项目,在现有教师不足的情况下,通过业务培训、进修等方法来提高业务水平,满足学生不同项目的需求。

(四)加强对学生自由选项的引导,实现项目选择的自然分流

首先,体育选项教学要满足学生的兴趣、爱好,激发学生学习体育的积极性、主动性,但也要考虑到学生是处于正在成长过程中的人,仅凭一时的兴趣不一定能正确选课,兴趣也不一定会持久。针对学生存在的盲

目选课问题,在每学期开始选课前,体育部协调各二级学院(系、部),派出教师以理论课的形式集中讲解"三自主"体育教学模式的选课要求、项目特点、教学内容安排、所要达到的目标、考试标准等,同时向全体学生发放选项意愿的调查问卷表,了解学生的兴趣爱好,排课时根据学生的选项需求,合理安排体育课。基本上消除教学中的体育素质和运动能力参差不齐的现象,教师的教学得以顺利进行,教学效果得到提升。也可在进行基础课学习的一段时间内尽可能地让学生多接触一些体育项目,让学生对多数项目有感性认识,从而选择目标更明确,兴趣更持久。其次,可建立定期换项制度。规定每个学生在大学阶段至少要选择2~3个体育项目,这样可从制度上满足学生自由选项的需要,也可缓解某些学生兴趣集中项目(如乒乓球、羽毛球和网球等)的师资、场地、器材的压力,实现项目的合理分流。

为了避免冷热项目的差距越来越大,最大限度地降低现有体育资源的浪费,在选课设置上必须加以限制。为此,根据选课学期(年)的设定,可将选课项目分类,如将项目分为大球、小球和其他三大类。学生在校期间,必须分别选择一次,这样就可以使学生自然分流。这种限制对于学年制选课的高校非常适合,但对于学期制选课的高校就增加了难度。除此之外,这种限制对于网络式选课适合,但对于手工式选课就加大了工作量,要求认真做好教学管理工作,使每个学生的选课有据可查。还可建立每月的项目"客串"制度。如在每月的最后一节体育课,允许学生选择其他项目,这样能在一定程度上满足学生对运动项目的更多需求。"客串日",如体育节,应成为校园里一道亮丽的风景线。

(五)改革教学方法,开创有效的开放式教学

应根据学生的身体状况、运动水平和体育兴趣与特长,打破原有系别、班级建制,重新编班上课,并在教师指导下,向学生提供自主选择课程内容、自主选择任课教师、自主选择上课时间的自由度,从而建立新型师生观和教学观。在教法上革新,学法上创造。教学中要提倡"激、思、导、练",应留给学生必要的自我设计、自我练习、自我探究、自我评价和独立

思考的空间。把严密的课堂组织与生动活泼的教学氛围结合起来,把教师主导作用(教学组织、启发和激励)与学生主体作用(学习主动性、积极性和创造性)结合起来,把"育体"和"育心"结合起来,营造生动、活泼、主动的学习氛围。

(六)正确认识安全问题,保证运动技术学习的实效性

安全问题是我们应该重视的,但是重视的结果不应该是体育教学内容的一再简化,以及将某些体育项目剔除。在面对某些具有一定危险性的体育项目时,我们选择的不应该是逃避,而应该是勇敢面对,用正确的方法、严谨的教学来保证学生能安全地进行练习,同时要鼓励学生勇于挑战,敢于克服困难和超越自我。这样,学生的收获不仅仅是身体的锻炼,更是意志品质的锻炼。

(七)正确处理师生互评,真正发挥体育教学评价的价值

体育课评价既是检查教学效果的手段,也是一种激励措施,更重要的是学生获得学分的依据。在"三自主"体育教学中,不管是评价内容还是评价方式,都比以往的评价有了很大的进步。然而,我们在改革以往陈旧的教学评价机制的同时,也要解决好新的评价机制所带来的问题。

对于学生学习的评价,首先,要建立科学的评价标准,明确高校体育具体的培养目标,使评价目标与教育目标一致。评价内容要不断扩展,体育教学评价的内容要注重多元评价(包括学生的认知、技术技能和情感三方面),不要进行单一的技术技能考评或健康测验。其次,要综合运用多种评价方式。要想改变单纯采用终结性评价的方式,就要采用与诊断性、形成性、总结性可定量评价相结合的方式。在体育教学中,存在着大量的人文因素,像学生体育态度、思想品德、心理素质、锻炼能力等指标具有明显的定性特征,是难以量化的,如果忽视这些难以量化的指标,教育评价则失去全面准确性、缺乏科学合理性。科学评价重在激励,充分利用评价来调动、激励学生学习的积极性,使每一位学生都能看到自己的进步,改变传统的体育考试方法,采用理论与实践相结合、过程与结果相结合、主观与客观相结合、定性与定量相结合的方法,将评价内容、学习内容与过程评价紧密联系起来,进行综合评分,达到学生之间互相竞争、互相激励、共同进步的目的。

对教师的教学评价,可结合学生评教、督导评价、领导评价、同行评价等多方考核,制定出一套较客观、公正,具有说服力的量化评价细则,这样,教师教学的考核不再是无法判断的软指标。在体育教师的业务考核、职务评聘和评优、评先进中,应以教学为重要依据。体育素养、教学能力、教学效果和敬业精神等,应是主要考核指标,而不应该采取目前普遍的做法——主要看科研。为了避免评价所产生的负面影响,"生评教"的形式可将学生对教师的评价作为参考,而不应作为教师奖金或职称评定的唯一依据,这样才不会因为师生互评而导致师生关系发生异化。

(八)增加体育经费的投入,确保"三自主"体育教学更好地发展

要增加体育经费的投入,必须多渠道筹集资金。第一,政府应加大资金投入。政府的资金投入是开发高校体育设施资源的重要保证,应将发展体育事业的费用纳入当年财政预算专款专用,并逐年增长。第二,高校领导必须重视体育,建立"一把手工程"。校领导要认识到体育设施是搞好体育教学的保证,应加大对体育经费的倾斜,配齐器材、场馆设施。第三,采取多种形式利用社会资金,重新确立体育物质环境建设新思想。一方面利用高校的社会影响,向社会谋求体育赞助和投资。采取多种形式利用社会资金,高校可以与社会共同投资,也可以是社会单独投资等形式建设体育设施,高校需要支付一定的费用,使参与的各方共同受益。另一方面各高校可以最大限度地利用社会资源,争取得到社区、企事业单位的支持。可以校厂、校企合作共建体育场馆,达到资源共享、互惠互利,形成优势互补、互利共赢,为全民健身、体育教学和学生体育锻炼创造良好条件。

第二节　高校体育终身教学模式

一、体育终身教学概述

(一)终身教育的概念

终身教育是指人们在一生中所接受的各种培养的总和。作为一种教

育思想,终身教育强调的是整个教育应该按照终身教育的原则来组织。终身教育的基本观点是:保障终身教育、终身学习的机会,终身教育体系化,改革学校教育,终身教育是一项共同的事业。终身教育的最终目的是"努力建设更加美好的生活"和"汲取一切有益的因素帮助人们去过一种和谐的且与人性相一致的充实的生活"。具体目标包括培养新人,实现教育民主化,建立学习型社会。

(二)终身体育思想的历史渊源

终身体育是终身教育的重要组成部分,并且终身体育的概念来源于终身教育,终身体育的思想与终身教育的思想一样古老。希腊"黄金时代"的思想家苏格拉底坚持终身运动,并主张每个人都应该这样做,他说:"人的一切活动都离不开身体,身体必须保证工作的高效率。一般认为最不需要体力的思考,如果健康不佳也要误事,力量与肉体的美只有通过身体锻炼才能得到。""天行健,君子以自强不息",这是《周易》中的一句话,意思是说,天体因不停地运动而健在,人也应当按照"天行健"这种自然法则不断地运动。长寿与健康是我国商周时期人们评判幸福的重要标准,这种观念对后来我国的养生学产生了极为深远的影响。孔子曰:"有文事者必有武备,有武事者必有文备"。荀子言:"行具而神生,养备而动时,养略而动罕,则天下不能使之全"。他认为人的身体不是由天来决定的,强调了运动对人体健康的意义。在20世纪70年代,终身体育的思想深刻影响着人们的体育实践。1976年联合国教科文组织在关于青少年体育运动的会议上进行了"从终身教育所看到的关于青少年体育运动的作用"的专题讨论。1978年联合国教科文组织指出:"必须由一项全球性的、民主化的终身教育制度,来保证体育运动与运动实践得以贯彻每个人一生的思想在国际上得以确立。"

(三)终身体育的产生

改革开放以来,我国就进入了社会高速发展的时期,特别是进入21世纪的信息和知识经济时代,现代生产方式已经逐渐由过去的以体力劳动为主过渡到以脑力劳动为主。不仅如此,由于生活节奏的加快,社会压力的增强,很多人已无暇进行身体锻炼。这就要求劳动者必须在业余时间通过一定的手段继续保持自身身体和心理的健康,以保证自身能够适应生产力的发展。体育运动锻炼恰好能够达到健康身心的目的,那么怎样的运动方式才能伴随人的一生呢?在这种背景下,终身体育顺应历史潮流孕育而生。

由于终身体育的特点和内涵,能够满足现代社会发展的需要,使劳动者身体素质适应现代化生产方式和快速紧张的生活节奏,每个社会成员都应保持良好的体质以适应社会发展的需要。由此可见,终身体育的出现是中国社会发展进程中的必然产物。

(四)终身体育的概念

从生命开始至结束,学习与参加身体锻炼活动,使体育真正成为人一生中不可或缺的内容;以体育的体系化、整体化为目标,在不同时期、不同生活领域中提供参加活动的机会的实践过程。终身体育是指体育锻炼和体育受教育贯穿人的一生。从人的生命周期来说,我们可以把终身体育定义为:"人的一生中受到的体育教育和培养的总和。"

(五)终身体育的阶段性和具体内容

终身体育按人成长的顺序和接受教育环境的不同分为三个阶段:学前体育、学校体育和社会体育。学前体育主要是儿童在家庭影响和家长帮助下进行的一些简单活动,教育的任务是保育和培育;学校体育是学校和体育教师对学生进行全面、系统、有目的的教育,其目的是全面发展学生的身体素质;社会体育主要是由社会、单位或家庭组织的体育活动及个人的体育活动组成,其目的是运用科学的锻炼方法强身健体。

(六)影响终身体育的因素

一个人要想终身保持身心健康,延年益寿,就必须长年坚持体育锻炼。然而,影响终身体育的因素十分多样,其中来自个人方面的影响因素主要有性别、年龄、体格、体力、个人目标、社会地位、知识结构、修养等的个体差异;外部的影响因素主要来自教育、家庭以及社会。

二、高校体育教学适应终身体育教学模式的思路

(一)高校体育教学适应终身体育教学模式发展的主要思路

1. 统一高校体育教育思想

高校体育必须以终身体育为指导思想,实施终身体育要充分发挥高校体育的纽带作用。终身体育的指导思想是指以培养学生终身参加体育活动的能力和习惯为主导的思想。这种思想认为,学校体育是终身体育最重要的、有决定意义的中间环节,具有承前启后的作用。特别是高校体育,作为学校体育的最后阶段,其目的、任务与社会紧密相连。因此,在高校阶段培养学生终身从事体育学习和锻炼的观念与习惯,并培养学生掌握终身体育的基本理论和方法。只有统一思想,更新观念,明确体育教育的发展方向,高校才能培养出适应社会发展需要的高素质合格人才。

2. 明确新时代高校体育教育的目标

新时代高校体育教育目标要具体化、明确化。新的高校体育课程目标为:第一,增强体能,掌握和应用基本的体育与健康知识和技能;第二,培育积极参与运动的兴趣和爱好,养成坚持锻炼的习惯;第三,具有良好的心理品质,表现出人际交往的能力与合作精神;第四,提高个人和群体的责任感,形成健康的生活方式;第五,发扬体育精神,形成积极进取、乐观开朗的生活态度。

高校体育的教学目标应随时代的变化而发展,也要受一定时期社会发展需要及其相应的教学指导思想的制约。我国体育教学目标从传授"三基"到"增强体质",再到全面身心发展,目标从单一走向多元,从笼统走向具体。体育教学目标从强调知识、技能的掌握,到注重能力、习惯、兴趣和个性的培养,说明体育教学目标要满足社会发展对人才素质提出的要求,要为终身体育服务。

3. 调整高校体育教学内容

高校体育教育改革的重点是体育教育内容的改革。体育课大都在室外进行,受场地、器材、气候、环境等各方面影响比较大,合理安排教学内

容是重中之重。体育课不是简单游戏形式的玩耍,虽然学生对游戏有着天生的兴趣,但是如果我们在体育教学的内容安排上考虑不周,不能将学生对游戏的兴趣转化为对体育运动学习的积极性,那么体育课的教学质量就无法得到保证。

第一,在体育教学大纲中选择教学内容时,必须遵循体育学科的内在规律,把一些学生喜闻乐见的、健身性、娱乐性、时代性强的体育素材选入体育课中,使体育教学内容为终身体育服务。

第二,体育教学内容的选择,多考虑学生的需求,为学生的学而选择体育教学内容,改变原有的价值取向,价值取向要更多地体现在学生对体育教学内容的要求上。

第三,选择与确定体育教学内容,既要符合终身体育和素质教育的要求,又能够全面提高学生的身体素质、心理素质,培养学生终身体育能力和习惯。

第四,实现终身体育的终极目标,需要学生学习终身参加体育所需的技能、知识。因此,精心选择既有健身价值,又能作为终身体育项目的体育教学内容。

第五,大学生喜欢追求时尚的运动,喜欢新兴的、娱乐性强,且适合自己个性的体育运动项目。因此,体育教学内容也应改变传统体育项目占统治地位的局面,引进诸如轮滑、跆拳道、啦啦操、攀岩、瑜伽、跳绳、独轮车等形形色色的内容。另外,我国是一个多民族国家,少数民族传统体育源远流长,少数民族体育项目既各具特色,又有着良好的健身价值,可根据各个学校的具体情况适当选用。

体育教学内容的选择不仅受体育教育思想、方针政策的影响和制约,还受学校体育的功能和目标的制约。当今世界,学校体育发展的大趋势就是为终身体育打下坚实的基础。要实现终身体育的终极目的,学校就必须促使学生掌握终身体育活动所需的运动技能、体育知识。因此,要想处理好教学内容的健身性、运动文化传递性与娱乐性之间的关系,就必须精心选择体育教学内容,最好选择日常生活中常见的、可以终身参与的体育运动项目。

(二)高校终身体育教学模式的设计思路

1.终身体育教学模式的理论依据

(1)依据终身体育理论,随着终身教育改革而产生

终身体育理论的提出,是学校体育本质性的变革标志之一。体育教学模式的研究始终是现今体育教学理论中的一个综合性课题。其核心问题是用系统的结构和功能的观点,考察理论和实践的基础,来探究体育教学过程的内容、方式、方法,从而使形成的体育教学模式体系具有严谨的系统化、多样化、统一化特征。通过全新的体育教学模式,最终取得"既有理论基础,又有实践经验"的效果。终身体育理论是现代教育理论思想的体现,为终身体育的目标确定了研究方向,是实现终身体育目的的重要保证。

(2)符合"素质教育"与"健康第一"的指导思想

在新世纪、新的发展时期,中共中央国务院在《关于深化教育改革全面推进素质教育的决定》中明确指出:"健康的体魄是青少年为祖国和人民服务的前提,是中华民族旺盛生命力的体现,学校教育要树立健康第一的指导思想"。素质教育和健康教育的重要途径就是体育教学。因此,要充分发挥教师的主导作用和学生的主体作用,倡导开放式、探究式教学方法,拓展体育课的时间和空间。在教师的指导下,学生可以自主选择体育课内容、上课时间、任课教师,在学校内营造生动、活泼、积极的学习氛围。

(3)社会发展适应人才需要

高等学校是培养德、智、体、美、劳全面发展的合格人才的重要基地,我国高等教育要培养出具有开拓创新,与时俱进,适应激烈竞争和社会发展的高素质复合型人才。21世纪是科学技术突飞猛进的时代,也是知识经济的时代,社会竞争日趋激烈,对培养和造就一代新人提出了更高、更严格的要求。体育教育作为培养人才的重要组成部分,在教学上要不断创新,着力提高学生的综合素质、综合能力、竞争意识和创新意识;不断提高学生的体质和健康水平,不断提高学生对体育的兴趣和爱好,推动学生

自身个性发展,养成良好的运动习惯,为终身体育打下坚实的基础。如此,才能适应新时代社会快速发展的需要,才能有强健的体魄参与社会激烈竞争,更好地为社会服务,成为合格的社会主义事业建设者和接班人。

(4)高校体育教学规律发展的必然趋势

我国高校体育在不断地改革与发展,学校体育工作者的共识为增强学生体质发挥了一定的作用。为此,应建立一套完善、规范的体育教学体系,具体包括加大教材的选择性、体现多样化、逐渐提高质量。

2.终身体育教学模式的设计思路

(1)分级体育教学模式

这是依据学生的身体素质状况,有目标、有计划地对不同群体采取不同的教学内容和练习方法、手段,指导学生学习和锻炼的体育教学模式,主要教学对象为大学一年级学生。刚刚入校的新生,由于身体素质水平不同,若采用同一教材和教学方法,则根本无法满足各类学生的需要,势必会造成一部分学生"吃不饱",而另一部分学生又"吃不了"的问题,继而严重影响学生的学习积极性和兴趣。本着因材施教的教学原则,教师可以把学生按照身体素质的不同水平分成不同的班级,对不同的班级采用不同的教材内容、教学方法和考核方法,使各类素质水平不相同的学生都能愉快地接受体育学习,体验体育运动带来的快乐。

(2)选项体育教学模式

这是一种依据学生的运动特长、兴趣、爱好等实际情况,学生自由上课的体育教学模式,主要教学对象是大学二年级学生。选项体育教学模式既让学生对体育的兴趣、爱好得到了满足,又充分发挥了学生在某一运动项目方面的特长,使其通过体育学习更加深入了解所学项目,在运动中体验体育的乐趣,从而使学生热爱并长期从事该运动项目,养成自觉锻炼的习惯,形成终身体育意识和思想认识。

(3)运动处方体育教学模式

这是一种依据每个学生自身健康状况和身体素质水平,对体育的兴趣、爱好和运动特长等学生的实际情况,教师有目的、有计划地对不同的群体或个体施加不同的练习手段(运动处方)和学习内容,指导学生进行自我锻炼的体育教学模式,其主要教学对象是大学三年级学生。运动处方体育教学模式是从培养学生自学、自练能力入手,以"运动处方"为中介,培养学生掌握科学的运动方法,让学生养成自觉锻炼的好习惯,提高自我自练、自我评价、自我创新的能力,最终形成终身体育意识和思想的教学模式。

(三)终身体育教学模式的组织形式

当前的教学模式存在着逻辑和内容上的互补,诸如教学形式、管理体制、组织方法、师生关系等方面的互补。选项课是学生根据自己的需要灵活选择运动项目,然后按项目进行正规班级教学。教学俱乐部在组织和管理上比选项课更加人性化,其内容和选项课比较相似,教师在教学中可以更加灵活。教师在教学中是辅导者和组织者,学生以自主练习为主,教师组织学生间的活动和比赛,学生遇到问题可以请教师指导或向教师咨询,教师也要主动给学生在运动技术和学习方法等方面及时给予指导,学生可以在课余开展一些单项体育活动和比赛,这个组织形式是选项课教学的补充和延续。为满足学生的体育需要,可以在大三和大四没有开设选项课的时候,开设体育运动常识、运动损伤、体育保健和体育欣赏等方面的选修课,既能提高学生的体育素质,激发学生体育锻炼的积极性和主动性,又能为终身体育发展提供理论支持。

这种形式是将学生课内的教学活动与课外体育活动、体育竞赛和体育理论结合起来,是三位一体的教学形式,极大地发挥了学生学习体育的能动性和时间、空间上体育资源的效用。这种教学与活动相结合的形式继承了传统体育教学的理论和实践,也在很大程度上完善了体育教学的结构和内容,既符合高校体育发展的规律,也满足了终身体育的需要。

三、高校体育融合终身体育思想的途径

(一)建立终身体育思想指导下的高校体育教学模式

1.教学模式与体育教学模式

教学模式是人们对教学过程自然特征的简化形式。教学模式是由教学理论通向教学实践的桥梁,有效的教学模式应具备这三个特征:第一,

促使学习者积极地参与教学过程,强调教学过程的有效性;第二,遵循明晰的教学步骤、程序,强调教学过程的可操作性;第三,以学习、行为和思维等理论为指导,强调教学过程的理论性、先进性。体育教学模式是指体育教学理论在一定条件下的转化形式,它是用于设计课程、选择教材、规定师生活动的体育活动基本框架或系统。

2. 终身体育教学模式的指导思想

(1)终身体育教学以终身体育思想为教学指导思想

终身体育教学以终身体育思想为教学指导思想,强调学生或者受教育者终身体育能力的培养,重视个人的需要和个性的发展,以人的未来发展为本,终身体育习惯的养成是其教学核心。

(2)终身体育教学模式注重健康教育

终身体育教学模式注重健康教育,在教学过程中贯彻"健康第一"的思想固然重要,但教学目的不是"健康唯一"。终身体育教学,是在提高受教育者健康水平的基础上培养受教育者良好的体育态度、科学的养生保健手段、健康且个性化的生活方式。终身体育教学模式发展了健康教育模式,正确文明的健康理念应贯彻教学的始终。

(3)民主平等是终身体育教学的另一个特点

民主平等是终身体育教学的另一个显著特点,教师与受教育者是教学过程的参与者,受教育者的主体性更加突出,教师更多的是扮演咨询者、引导者的角色。教师应成为受教育者养成终身体育习惯,形成终身体育能力过程中积极的、能动的"工具"。

3. 终身体育教学模式的教学结构程序

(1)终身体育的教学过程结构

通常我们可将体育教学分为课的开始、课的中间和课的结束等部分,终身体育的教学构成也可分为以下三部分。

第一,课的开始部分:身体动员,激发兴趣→确定大课题、确定学习目标→提假设、尝试性练习→明确小课题,设计学习步骤。

第二,课的中间部分:分组学习,探索验证→小组讨论交流、修正方法,得出结论→教师评价、小组评价、自我评价→修正计划,加深理解,分组学习,情感体验。

第三,课的结束部分:课堂总结讨论,整理学习心得→放松身心→准备下一课题。

终身体育教学的过程分为三个部分,每个部分环环相扣,课的开始部分是为整节课做准备,激发学生的运动积极性。在课程开始前,教师应该充分考虑上次课学生对教学内容掌握的实际情况以及教学中客观存在的问题,并在教学当中予以改进,这样在教学当中才能真正做到有的放矢。在分组练习当中,教师应该对学生技术动作适时给予纠正,同时教师和学生之间应该保持畅通的信息通道,使学生在学习过程当中与教师产生良好的互动。

(2)终身体育模式需遵循的原则

第一,快乐体育原则。兴趣是最好的老师,进行终身体育活动,就要考虑到学生的兴趣,在教学中一定要着重培养学生对该项目的兴趣,尽量创造条件,开设一些适合学生身心特点、深受学生喜爱的运动项目,要让学生在运动中增强体质的同时,充分进行情感体验,从而达到身心全面发展的目的。

第二,自觉与经常性原则。要坚持终身从事体育锻炼,就必须使锻炼者有明确的目的性,自觉地根据自身需要与条件进行身体锻炼。人的体力、智力和情绪的发展具有周期性的规律,要让学生掌握这一规律,就必须不断丰富自己在不同年龄阶段的身体锻炼知识,自觉、积极地调整运动负荷,以适应身体发展的需要和终身体育的需要。同时,要讲究终身体育锻炼的重要性。如果不能坚持,只是断断续续地锻炼,那么前一次锻炼作用的痕迹就会消失,而后一次锻炼的影响也会不断变小,其身体结构、机体能力、运动素质和基本活动能力也不能保持良好的状态。

第三,全面性原则。人体是一个完整的有机体,终身体育需要全面发展身体各个部位器官系统的机能,使各种运动素质和活动能力都得到均衡发展。只有合理选择锻炼内容,做到内外结合、形神一致,才能达到全面发展的目的。

(二)终身体育需要高校教师扮演的角色

1.高校体育教师要做终身体育意识的培养者

要实现高校体育与终身体育的融合,在教学中要求学生深刻地理解体育原理,更好地掌握体育锻炼所需的技术、技能之外,建立正确的体育意识对学生形成终身体育的兴趣、能力和习惯具有决定性的作用。因此,终身体育的教育观念要求在学校体育教学中注重培养学生自觉自愿地参与体育活动的兴趣、能力和习惯。体育意识的重要作用在于可以促使学生在体育教学过程中,充分发挥自身的活动能力,形成自觉进行身体锻炼的习惯,使学生意识到自己一生需按照个人意志,坚持不懈地参与体育活动,并将其变成一种有目的的自觉行为。因此,体育教师在具体的教学过程中应该培养学生的终身体育意识,使即将走上社会的大学生一生受益。

2.高校体育教师应做终身体育的引导者

学校体育是连接家庭体育和社会体育的中间环节,对实施终身体育起着十分重要的引导和桥梁作用。体育课从小学到大学,每周按2学时计算,可达1000学时,再加上课外活动,这可以为学生的终身体育提供有利的实践环境。但是,终身体育仅靠学校体育时间远远不够,还应将体育贯穿每位学生的一生。因此,学校体育应为终身体育做启蒙教育,体育教师就是学生终身体育的启蒙人、引导者。体育教师要充分利用学生上体育课和身体锻炼的时机,加强学生体育意识的培养,树立终身体育的思想观念,使学生学会锻炼身体的科学方法,提高独立锻炼身体的能力,养成终身体育锻炼的兴趣与习惯。体育教师要改变过去那种单纯传授体育知识、技术和技能的教书匠形象,要在体育教学过程中充分挖掘学生的学习潜力,使学生从被动学习的状态改变为积极思维、主动实践的状态。

3.体育教师应与学生建立新型的师生互动关系

教育的内在规律说明,没有纪律约束、没有要求、没有目标就不能称为学校体育。传统师生关系中的"师道从严""尊师重教",在现在仍有十分积极的意义。随着时代的发展,体育课中的师生关系也应该反映时代性特点。师生由于拥有共同的体育目标而结成人际关系,这种关系一经建立,双方就会为共同的目标而不断调节自己的行为。

体育教师作为体育课具体实施者和组织管理者,应时刻用教师的职业道德标准来约束和规范自己的言行,不断提高与学生之间的交流水平,引导和满足不同学生的学习需求,获得学生的尊敬和爱戴;而学生应该自觉遵守课堂纪律,约束自己的行为,取得同学的支持和教师的关爱。在终身体育教学思想的指导下,教师与学生应该是平等、互信、亲密、互动、稳定以及持久的关系。

(三)在教学当中培养学生终身体育意识

1.培养学生终身体育意识的重要性

终身体育是指一个人终身进行体育锻炼和接受体育指导和教育。它包含两个方面的内容:一是指人从生命开始至结束,一生中不断学习和参与体育锻炼活动,使终身体育有明确的目的性,使体育真正成为一生中始终不可缺少的重要内容;二是在终身体育思想的指导下,以体育的体系化、整体化为目标,为人在不同时期、不同生活领域中提供参加体育活动机会的实践过程。另外,人体活动的基本规律也要求身体锻炼必须经常坚持,如不能持之以恒,身体锻炼就不能产生持续的锻炼效果。终身体育目标就是要人们随时随地都采取有效的锻炼措施,来保证身体的正常发展。因此,只有当学生真正认清终身体育的重要性时,他们才能够产生学习体育知识和技能的动力。

2.高校体育教学中学生终身体育意识的培养

(1)要注重培养和激发学生的学习动机

在体育教学中,首先,要给学生确立一个明确的学习目的,使学生明确认识身体对学习好、工作好的重要意义,帮助学生形成长远的、持久的学习动力,以指引学生的学习方向,激励他们努力学习,提高学生的学习积极性;其次,要启发学生的求知欲望,因为求知欲是推动学生自己去探索知识并带有情感体验色彩的一种内心渴望,它能使学生在学习过程中产生愉快的情感、积极的态度,从而产生学习兴趣,产生进一步探求知识的欲望。

(2)改变传统的教学方法,培养学生自学的能力

传统的教学方法强调教师教的主导作用,忽视了学生本身的主体作用。要发展学生的个性,形成终身体育的思想,首先必须了解、认识和尊重学生的心理特点。当代大学生有独特的见解和兴趣爱好,他们注意培养自己的多种能力,渴望最大限度地发挥自己的潜力。因此,在体育教学过程中,应打破传统教学方法和思维方法的束缚,放手让他们获得自主、自制、自控、自练、自评能力的实践机会,以促进身心健康和个性品质的发展。

(3)改变传统的教学形式,教学手段灵活多样,突出重点

大学生的思维比较活跃,在大学期间他们不仅仅只想学到一些单一的体育技术,更多的是要学到一些有关科学锻炼身体的方法、手段。这就要求我们的教学方法、手段,既要符合体育教学的原则,又要结合大学生的生理、心理特点,安排灵活多样的内容,引导他们逐步养成坚持体育锻炼的良好习惯。在具体的教学活动中,我们可以结合实际多采取游戏与比赛的形式,增加体育教学趣味性与对抗性。

第三节　高校体育欣赏教学模式

一、体育欣赏教学概述

(一)欣赏型体育教学模式的含义

"欣赏"即审美,但欣赏是一个较"审美"更广泛、更朴实的概念。欣赏是享受美好的事物,领略其中的情趣,它更强调过程。人类的审美活动随着人类社会的进步而不断拓展,也必然发生在作为人类基本实践活动之一的教育领域。

欣赏型体育教学模式是与认知型体育教学、单一性运动技能训练相对而言的,它是指教师根据学生的审美心理、审美经验、兴趣爱好以及心理承受能力等,将教学过程中所蕴含的美的因子(诸如教学目标、内容、方法、手段、评价、环境等)转化为审美对象,使整个体育教学过程转化为美

的欣赏、美的表现以及美的创造过程,实现一种以身心体验为核心,着力培养学生的体育兴趣、人文素养、审美情趣、创新精神和实践能力,从而领悟体育的真谛,得到精神上的愉悦,促进运动技术、生理和心理等方面和谐发展的教学实践活动。

(二)欣赏型体育教学的基本特征

1. 整体性

人作为一个活生生的个体,是在对象性的实践活动中展现其生命的,在这些对象性活动中结成的关系共同维系人的生存,这些因素缺一不可,共同表现出人的生存图景。人是如何生产和生活的,人就是什么样的。人需要在实践中全面地占有自己的本质,以一种全面的方式,也就是说,作为一个完整的人,把自己全面的本质据为己有。因此,人的解放就不单单是某一方面的解放,而是整体的解放。作为培养人的教育,人的生命是多层次的、多方面的整合体,生命有多方面的需要:心理的、社会的、物质的、精神的、行为的、认知的、价值的、信仰的,任何一个人都是以一个完整的生命体方式参与和投入,而不只是局部的、孤立的、某一方面的参与和投入。欣赏型体育教学是一种生命活动形态,具有整体性。无论哪个国家、哪个时期的高校体育课程,增强学生体质,提高健康水平,都是重要的乃至首要的功能,这是由体育的功能决定的。体育在提高大脑的工作能力、促进有机体的生长发育、提高人体功能、调节人的心理、提高人的社会适应能力等方面都具有不可替代的作用。欣赏型体育教学目标的整体性是以身心体验为核心,培养学生的体育兴趣、人文素养、创新精神和实践能力,从而达到领悟体育的真谛,得到精神上的愉悦,促进学生运动技术、生理和心理等方面和谐发展的一种整体教育观。它不仅仅关注体育知识、运动技术、技能的掌握,而且把提高学生的整体健康水平作为终极目标。

2. 自由性

自由是体育最显著的特征,人们一提到体育就会联想到自由,是因为人们头脑中的体育概念本来就含着人们关于这类活动的自由体验,自由的活动必须是自觉性、自主性和自愿性的活动。如观看篮球飞人的精彩表演,自然唤起了我们对篮球的热情与一试身手的冲动;听到富有韵律感、活泼轻快、情绪激昂的音乐,我们就会自然地进入一种运动状态,自觉地加入健身的行列。教育,作为人类的一种有目的地培养人的实践活动,就是人按照自己的目的——人的理想发展状态,来改变人在自然状态下的发展,进而实现自由的发展。正是教育的这种本性,使得教育的审美具有了一种内在的强大动力。

教学审美是一种令人愉快的自由活动,应遵循学生的审美心理特点。学生作为审美主体,由于审美情感、审美经验以及审美理想的不同,对教学美的感受、理解、评价也各有不同。学生采取的陈述和表达方式以及审美评价方式都有自己的特点,表现出个体审美差异。学生总是按照自己对美的理解,从而采取各种表述、评价方式。

3. 多样性

在教育过程中,不同的教师对教育内容的理解、认识、感受不同,对教育媒介的运用也会不同,在教育活动中表现出自己独特的风格。学生的学习亦是如此,不同学生有自己不同的认知风格。他们无论是对知识的理解、掌握、运用,都表现出自己的特色。任何一个教师都不可能是一切优点的十全十美的化身,在每一位教师身上都有某种长处,他能够在教育活动的某一方面比别人更突出,能更完美地表现自己。受教育者不仅由于年龄不同而对教育美有不同的要求和理解,且同一年龄段的不同班级、不同学生对于教育美的要求和理解也同样表现出不同的特点。

(三)欣赏型体育教学的作用

首先,欣赏型体育教学模式是一种关注人的和谐发展的教学理念,通过欣赏型教学,能够更好地实现高校体育课程的教学目的。欣赏型体育教学中,学生自主选择喜欢的课程,在学习后为其他专项同学讲解本专业知识,并能参与到其他运动中去,使学生在课堂学习上更能积极主动地汲取知识,努力练习,并在交流过程中巩固自己所学,使课堂教学效果更加显著。

其次,欣赏型体育教学能够拓宽学生的学习范围。"三基"教学仅仅教授大纲规定的统一内容,选项课是教授单一的运动项目,致使学生的高校体育课程涉猎面太窄,不利于学生整体素质的提高。欣赏型体育教学过程中,通过交流、学习,学生能够汲取到其他体育运动知识,并学会如何欣赏,拓宽学生的学习范围,增加学生知识的积累量,提高学生的体育运动欣赏能力。

最后,欣赏型体育教学能够全面发展学生的素质。传统"三基"教学和选项课教学内容单调,教学方法单一,以练习为主,无法全面培养学生的综合素质。欣赏型体育教学采取自主学习、欣赏评论等方式,可以培养学生的自信心、表现欲望、团队精神以及体育欣赏能力。

二、欣赏教学模式在高校体育教学中的应用

(一)重视体育文化建设,提升学生体育认知水平,为体育欣赏做好铺垫

体育文化建设在学校中的体现,除了课堂体育教学、课外体育活动之外,其中很重要的一部分就是校园体育文化建设,它是学生参与体育运动的外在影响因素。从广泛意义上来讲,校园体育文化是以学生为主体,教师为主导,以促进学生身心全面发展为目标、以身体练习为手段,其终极目的是培养人才,它与校园的德育、智育、美育等一起构成校园文化群。这种校园文化群,对于提高学生的综合素质和整体认知水平有着非常重要的促进作用。无论是体育欣赏课程的开设,还是体育欣赏方法的应用,只有学生对体育有一定的认识基础,才能得到更好的发展。

校园体育文化建设可以通过开展多样的体育活动、体育知识的宣讲、校园体育赛事等进行加强。校园体育文化建设不仅能够使学生深入地了解体育的基本知识,还能够提高他们参与体育运动的兴趣。

校园体育文化是广大师生通过学校各层面的创造活动及创造成果展现出来的。体育文化是学生在体育活动中各种具体形式的自我创造,并从中找到自己的价值取向。校园体育文化作为一种有特定意义的内涵指向的客观精神,总要通过某种载体表现出来,如从教育的目的来说,体现出体育文化在学校教育中的深刻内涵。而这种个人价值取向和学校教育的内涵,恰恰是学生在参与或者欣赏体育的过程中,从最初的一种身体感

受、视觉感受到情感的体验和思想上的升华,才慢慢体悟出的一种道理。

(二)加强体育教师的进修培训,提高其体育欣赏的理论水平和思想认识

体育教师作为体育教学中不可或缺的关键"角色",其所起的作用,一是学生所学体育知识正确与否、质量高低的最基本保障,二是学生终身体育观念培养的主要领路人。因此,体育教师面对这样的价值意义,自然而然对自身拥有的人格魅力、体育素养、专业技能、理论水平以及思想认识等方面都会提出更高的要求。在高校体育教学中,体育教师除了需要满足基本教学的需求之外,还需要不断地进行新知识的学习和充电。只有如此,才能保证高质量地完成体育教学的基本任务和要求。

体育教师进行再学习的过程就是他们进行再进修或者再培训。当然,其中涉及的方面比较多,学习的内容、模式、方法等也多种多样,但总体而言都处在不断完善的过程中。基于体育欣赏教学,对广大高校教师而言并不是完全能够游刃有余地应用到课堂之上。

但在传统体育教学中,体育教师的教学模式存在一定的弊端和问题。因此,在高校体育教学中进行体育欣赏时,体育教师应进行以下两个方面的改善。

第一,教师不能死板地把理论知识搬到课堂上,而是通过这门课程激发学生对体育运动的兴趣,使学生既能从中学到体育运动的专业知识,又能在学习中感受到体育文化的魅力以及体育运动所带来的乐趣。教师可以将最直观的精彩视频、经典赛事以及体育比赛中的集锦或是经典的战术视频作为教学内容来进行教学;教师也可以通过这些赛事及镜头来讲解运动员之间的配合、教练员临场指挥的成功经验、各项运动的特点、各国家的不同文化以及体育的常用术语等。教师可以通过这些方法,让学生看懂体育运动,使学生从一个外行变成一个内行,从而达到此门课程的教学目的。

第二,除了完成以上基本教学的任务之外,还要加强对高校体育教师在体育欣赏方面的培训。掌握理论知识是体育教师更好地完成教学的基

本前提和保障,所以通过定期的学习和教学实践的结合,避免体育教师出现认识上的误区(学术讲座型、影像替代型),就要加强他们对思想认识的强化,正确理解和掌握体育欣赏应用的方法、途径和意义。只有这样,才能对师资队伍的建设做出一定程度的改善,进而使体育教学取得一定的成效。

(三)科学合理地引入体育欣赏课程,配合并改善传统体育教学模式

在对体育欣赏的相关研究中,人们发现有的学者将其作为一种教学方法应用在课堂当中,也有学者把体育欣赏作为体育教学中的一门课程单独提出来。无论是作为一种教学方法还是一门独立的课程,对体育欣赏的正确认识和科学合理的运用都至关重要。要改善现阶段高校体育教学状况,体育教学可以尝试引入体育欣赏课程,使其与体育健康课程同步开展,而在实际教学过程中所占的课时比例,应以体育健康课为主,体育欣赏课程只是体育教学的一种辅助教学方式,是为了帮助学生更全面地学习体育技能、掌握体育知识。

科学合理地引入体育欣赏课程的目的主要有两方面:第一,为了配合传统体育教学模式,使体育的"教"与"学"更加立体、多元;第二,为了改变当前体育教学中一些墨守成规的教条,使体育欣赏教学更科学地应用到实际教学中。只有这样,教师在开展体育欣赏课程时,学生才能更好地通过有效的途径更全面地认识体育运动。

综上所述,为了确保更科学合理地引入体育欣赏课程,使体育欣赏在体育教学中应用的效果更加显著,教师可以通过多媒体对快速、连续复杂的体育项目动作进行反复示范,对重点和难点进行详细讲解,使学生熟悉和掌握体育项目动作。在体育实践课教学中,体育运动的技术配合使体育教学更难,学生难以通过教师的讲解领会技术配合的目的以及发生的环境。而体育欣赏课教学,不但可以使学生更熟悉技术配合的全部过程,而且可以使学生掌握技术配合的目的和环境。体育欣赏课与实践教学的有机结合,可以强化巩固学生的体育运动项目知识,而理论与实践的有机

结合,则可以提高教学效果。

(四)引导学生正确地欣赏体育,避免体育欣赏应用的负面效应

大学阶段的体育教学不单单是体育技能和知识的学习,还有健康内容的了解与掌握。因此,对于健康知识的讲解和教育就可以很好地利用体育欣赏课程来完成。很多学校或者很多体育教师在大一阶段的体育与健康课程教学中忽略了此部分内容,原因有二:一是大学阶段学生处于生理和心理敏感期;二是体育教师不好意思开口。所以,这也在一定程度上使得体育教学所应有的成效大打折扣。

因此,在大学体育教学中引入体育欣赏课程,恰好可以解决此方面的问题,但前提是教师要正确地引导学生进行体育欣赏,尽量避免体育欣赏产生负面效应。

三、高校体育欣赏教学模式的构建

(一)欣赏型体育教学模式的构建目标

欣赏型体育教学既是一种教育理念,也是一种教学活动实施策略。它是一种基于系统观、整体观、联系观、历史观、均衡观下的教育,是一种充分体现和不断运用欣赏智慧的教学模式。就性质来说,欣赏型体育模式中学生的参与主要是一种互动的、创造性的,学生是体育活动中的主角;就方式来说,欣赏型体育教学模式中学生的参与是全身心、全方位的,它包括运动觉、听觉、感觉、视觉、直觉等各个方面的参与;就结果来说,欣赏型体育教学模式中学生的参与本身就能使学生获得健康、愉悦的体验。因此,参与、体验本身就是欣赏型体育教学的目的之一。通过体育参与引导人追求卓越的精神品质,使其超越自身和世界,体验健康、运动的乐趣,实现个人真正的精神成长。欣赏型体育教学模式是按照美的规律和人的审美心理特点和审美法则,把人们引入审美境界,使教学过程中各环节都具有较为丰富的审美性,并通过挖掘体育中的审美因子,发展人的体质结构、挖掘身体的潜能,实现人的生命价值。以身心体验为核心,着力培养

学生的体育兴趣、人文素养、审美情趣、创新精神以及实践能力,自觉体验体育活动带来的乐趣,实现精神的超越,这就是欣赏型体育教学模式构建所追求的价值和目标。

(二)欣赏型体育教学模式的构建原则

1.体验性原则

由于欣赏型体育教学依赖于一种特殊的教学方式——审美体验,因此,体验原则对于欣赏型体育教学具有特殊的重要性。一般来说,知识教育运用的是理性的逻辑推理,技能教育凭借的是动作的训练,审美教育依赖的是审美体验。体育教学中的审美体验可以使学生充分调动自己的感知、想象、情感、理解等各种心理功能,观察、感受、评价审美对象,从而形成陶冶心灵、情感的过程,学生对审美对象全身心地投入,全身心地感悟,从而达到主客体的真正沟通和交融。体育教学过程主要是通过学生的参与体验完成的。因此,只有通过审美体验,学生才能与审美对象建立起严格意义上的审美关系,客体也才会成为真正意义上的审美客体。学生的审美体验就是以大量的审美意象方式储存的,这种审美意象是学生审美体验的产物。通过审美体验产生的审美意象具有重要的作用,它是学生审美体验的结晶;同时,它又作为审美经验储存下来,将为以后的审美欣赏与审美创造活动提供一种审美参照系,被重新激活后又可供主体再体验、再创造,并汇合而组成新的审美意象。只有在这种反复的感受、体验、感悟中,学生才能学会怎样进行审美体验。审美体验是一种个性化的具体体验,任何人都不能取代。因此,教师要引导学生直接参与各类审美活动,让他们亲自感受、体验各种领域的形态美。

审美体验作为欣赏型体育教学的基本原则,必须注意三个方面:第一,要为学生提供直接参与各种体育审美活动的机会,让他们在体育锻炼中学会审美体验;第二,在引导学生直接参与审美活动时,教师不能放任自流,要做适当的引导与指导。如给学生营造一定的审美氛围,把审美对象尽可能地呈现在学生面前,让学生能想象与创造,并能将锻炼的感受表述出来,与他人进行交流;第三,要注意选择符合学生年龄、心理、身体、知识范围的审美对象等。

2. 交流性原则

教学过程既是师生间的认知过程,也是师生间的情感接触和交流过程。师生之间的交往,不论是正式交往还是非正式交往,情感交流是其交汇点。情感交流作为师生交往的一种纽带,是教育的灵魂。其实,真正的情感不应是别人给予的,而是自己去体验、去感受。欣赏型体育教学模式可以让学生"找回遗失了的情感",进而激发情感、升华与重塑学生的情感。同时,欣赏型体育教学模式还可以将生动形象的情景、教师优美的语言、富有情感化的教学内容以及课堂氛围的重要性凸显出来,并将这些内容融入模式的构建之中,使教师真正深入学生的生活,深切体会学生的内在情感,理解学生的切实需要,以这种真实的情感状态投身到教学之中,才会有师生之间、生生之间的互动,实现知识、情感、艺术的多向交流。因此,高超的体育课堂教学艺术,不仅要传授知识、技能、培养能力,还要有师生间的情感交流。只有这样,体育课堂才会变成身体、行为、思想的艺术享受场所。

3. 创造性原则

欣赏是对意象的情感体验,即主体在对审美客体感知观察的基础上发挥想象,引发对意象的审美感受和体验,达到情感的愉悦,从而产生对审美客体再造或重构的欲望。人们的欣赏活动也可证明主体反复体验的创造性是引起审美快感的动力。无论是艺术美的欣赏还是自然美的欣赏,如果不能创造性地发现客体所蕴含的美感价值,就无法获得那种陶醉感,那再"美"的东西也毫无意义。因此,审美客体内化为审美经验并不是一成不变的,审美意象的产生本身就是一种创造过程。

"教无定法,贵在得法",教学过程就是一种体验性过程、创造性过程,尤其是审美化体育课堂教学具有丰富的教学资源和广阔的教学空间,更给教学设计提供了许多灵活多变的创造机会。因此,教育者也要创造值得自己崇拜的创造理论和创造技术,教师应该从不同的角度去开发教学资源、创设审美化的教学情景、独辟蹊径地设计新的教学方案和学习策略;教师应该艺术地运用不同的教学方法去教育和感化每个个性不同的学生;教师应该不受空间的束缚,学会欣赏体育中的美,使教学各个环节都具有审美性。

4. 个性化原则

个性化教学原则有两层意思:一是要尊重学生的个性特征;二是要设计个性化的审美活动。尊重学生的个性特征,根据学生的需要、兴趣及审美发展水平等设计教学过程,这也是因材施教育原则的要求。个性化审美活动的设计包括教学目标、安排教学内容、评价教学效果等方面要制定相应的多样化标准,否则就无法满足不同水平、不同层次、不同类型学生审美学习的需要,也无法达到审美化教学的效果。

5. 和谐性原则

欣赏型体育教学模式以人的各个方面和谐发展,提升学生的生命体验为最高目标。审美、立美、创美的特质决定了它必然追求和谐统一性。和谐统一性是指教学以"人的全面发展"为纽带、以审美为基础,整合体育教学系统中多种因素、多个侧面、多种矛盾对立的内容,使之成为完美统一的整体。无论是教学内容与教学形式之间,还是审美对象与审美主体之间、审美主体与审美主体之间的和谐等,都是欣赏型体育教学模式的基本特质或内在需求。

(三)欣赏型体育教学模式的构建程序

1. 创境——生命体验和审美感知的基础

教学过程必须精心构思、完美组织、巧妙安排,才会富有生命活力,才会唤起学生学习的欲望。现代情境学习理论认为学生的学习实质是借助学习情境,实现学习者对知识的主动构建。活动中情境的创设非常重要,学生在审美情境中很容易受到情境氛围的感染,从而投入情感和进行审美体验。此外,活动中情境的创设还能够起到渲染、唤起、激发的作用,使审美主体在心理上产生共鸣,从而吸引审美主体去追求、去创造,引发学生美好的想象,让其有身临其境之感,使学生在美的情趣中持续地激发学习动力,在体验审美过程中学习体育知识、掌握健身的技能,在参与创造过程中拓宽体育情趣,直至达到"设境悟情",产生求知欲望的目的。教师要创设合理的教学情景必须了解学生、研究学生,把课前准备的着眼点始终放在学生身上,根据学生的身心特征、生活经验、感知思维方式和已达到的体育知识、技能水平对体育教学过程进行精心的审美设计。挖掘体育素材的内涵美,寻找和设计与教学主题相关的审美活动,以此营造一种生动可感的互动氛围,从而唤起学生的审美情感,轻松地把学生引进预设的教学情境中,把学生带入美的境界之中,更有效地激发学生学习的兴趣。情景的创设包括教学过程中美的创造、教学形式美的创造、教学场地美的创造、教学评价美的创造、教师的语言艺术以及情绪的变化等。目的在于吸引学生全身心地投入教学活动的场景中,使其与活动融为一体,进入美的境界,此时的教学活动便成为学生审美享受的过程。

2. 入境——引起学习兴趣,激发审美感知

入境即教学过程的审美导入,引导学生进入预设的教学情境中。美的价值在于愉悦身心、陶冶性情,给人以清新、向上、愉悦的感受,在一定程度上满足人的精神需要。同时,这种优美的教学情境能使学生产生愉悦感、新鲜感和好奇心,学生情绪亢奋,求知欲强烈,精力专注,思维活跃,使学生具备轻松愉快、积极向上的良好心态,自然进入学习状态。课的导入手段和方法比较多,如实物、图片、卡片、录音、录像、音乐、游戏、直观形象的语言均可作为导入手段,要根据学生的身心特征、生活经验、感知思维方式和已掌握的体育知识、技能水平,采用开门见山、承前启后、生活化情境、热点问题、精彩比赛欣赏等方法把学生引进预设的学习情境之中,从而唤起学生的审美情感,激发学生的兴趣。

入境是由教师自觉设计,引导学生进入预设审美情境之中,超越了传统经验描述的层次,它并非纯自然情境的利用,而是从学生的审美需要出发,因而对学生来说并不是强行给予的。它所具有的各种审美因素,可以通过多种渠道,对学生施以综合的、整体的审美影响,使学生情怀激荡,心驰神往,借助情绪体验的移情作用,在本来不感兴趣的活动中体验到盎然的趣味。

3. 体验——呈现生命课堂,焕发生命的活力

体验是生命存在的一种方式。体验不是一种外在的、形式性的东西,

而是一种内在的、独有的、发自内心的和生命、生存相联系着的行为,是对生命、对人生、对生活的感悟。美的教学使人能够获得美的享受过程,是审美化的教学。师生之所以能够对教学产生美感,必然是他们在教学活动过程中进入了审美状态。这种审美状态是审美体验的状态,即教师和学生在教学活动中体验到知识的学习带给他们美感,体验到教学活动给他们美的享受,使他们全身心投入活动之中,感受教学活动的勃勃生机和生命韵律,体验知识所蕴含的生命情感。学生在审美的体验中,不仅能学到知识,还能陶冶性情,培育精神,提升生命品质。

体验可以把师生带入审美王国,可以使教学进入美的境界,但认识不能完成这一任务。因为审美体验不仅是一种与其他体验相并列的体验,而且代表了一般体验的本质类型。审美体验与其他类型的体验有所不同,它除了具备一般体验所具有的直接性、整体性等特征外,还具有与审美特征相连的无功利性、超知识、超道德而又自然合知识、合道德性以及意境等特征。由此可见,体验与认识是完全不同的两种把握世界的方式,在这两种活动中,人与世界的关系完全不同。美是主客合一的,是人的生命以主客交融的方式而存在。因此,美感的产生只能通过体验而不能运用认识的方式。也就是说,师生不是通过认识,而是通过体验才能在知识的学习中、在整个教学活动中感受到教学的生命活力,领悟到生命所蕴涵的意义并赋予人精神力量,从而产生美感,获得精神享受。因而,欣赏型体育教学应将审美体验作为基本方法,并在审美体验过程中进行教学。只有当师生在教学活动中进入审美体验的状态时,他们才能全身心地融入教学情境当中,他们不把知识当成一个对象来看待,而是与知识融为一体,在知识中畅游,与其中的人物、事件、情景"同声""共振",用自己的生命去碰撞知识的"生命",以自己的生命去"经历"对象的"生命历程",将自己投入对象之中,也将对象融入自己的生命之中,即庄子所说的"物化""忘我"的境界。此时的教学活动已经变成了人的自身需要,成为人的生命自由创造的需要,师生就是在这种教学活动中体验着自由创造的精神愉悦,获得生命的享受。师生间的一切对立关系也全都不复存在,甚至他们忘却了自己的主体地位,而与知识、整个教学活动完美融合在一起,师生角色会瞬间消失,他们沉迷于生命创造的幸福与快乐之中,这是师生关系的升华,是教学境界的整体提升。

4. 感悟——获得审美享受,领悟到生命的真谛

知识不是由自认为有知识的人"普及到"或"灌输到"自认为没有知识的人,而是通过人与宇宙的关系,通过充满变化的关系建立起来的,在这种关系中批判地解决问题,又继续促使知识发展。这里的"关系"就是"体验"。体验的过程不是以思维为主要特征的认识过程,也不是物质性的实践过程,而是表现和升华情感、激发个体的生命活力、发展创造性、开启心智、陶冶审美情趣的过程,是人本质力量的表现、是审美的最高境界、是生命的感悟。感悟不是对认知的全部否定和排斥,而是对认知的升华。当主体的单一认知功能转换为全部身心特性参与的审美状态时,认知就达到了极致。认知的极致就是对象和自我合一的审美,它既不是主体性湮灭的困顿,也不是主体性张扬的突兀,而是一种超主体性的境界。

感悟是知、情、意融于一体的人的生命活动。作为一个完整生命体的直观与感悟,感悟是审美主体对审美对象形式所包含的深层意味的心领意会,是审美主体对审美意象和意境的一种较细致的体验活动。但是,在欣赏型体育教学过程中又不能没有认知,认知是让审美主体知道客体"是什么"。因此,审美活动只有从认知上升到感悟,通过审美主体的审美体验,"是什么"才能真正对审美主体产生生命论意义上的价值。如果过分强调学习中的认知方面,那么将会带来教与学中机械式的训练。因为认知强调的是知道"是什么",而"是什么"可以重复和持续再现。虽然说运动技术的学习需要反复训练,但真正的体育学习的核心不是训练,而是通过训练掌握体育知识、健身的方法,享受运动的乐趣,感悟体育的生命意义。这实际上就是一种创造过程,即融入了审美主体自身情感的创造过程,从而使创新潜能得到释放,精神生命得到升华。

第三章　高校体育教学方法分析

作为实现体育教学目标、开展体育教学活动的主要途径和手段,体育教学方法的体系建设与体育教学目标实现的程度有着直接的关系,体育教学方法的科学性与创新性对体育教学的质量也有着决定性的影响。

第一节　高校体育教学方法的内容与选择

一、体育教学方法的基本内容

(一)体育教学方法的时代发展

体育教学方法是在体育教学现象出现以后才产生的,但这并不意味着其产生于课堂体育教学之后。在民间传统体育的传授过程中,一些教学方法就已经得到了普遍的应用,只是当时人们对教学方法还未形成一个科学和系统的认知,因而没有对其进行深入研究。所以,现代意义上的体育教学方法是在现代体育教学产生以后才出现的,其时代性特点较为突出。我们可以将体育教学方法的发展历程分三个阶段来研究,具体如下:

1.体操和兵操时代

在传统社会中,体育运动发展的一个重要助推力就是军事战争。在封建社会和资本主义社会的早期,为使士兵的作战能力不断提高,会要求士兵进行体育运动方面的训练。这时体育教学方法以训练式和注入式为主。训练式和注入式的传统教学方法对大运动量的不断重复做了特别强调,主要就是通过苦练来增加士兵的运动记忆,并促进其体能的不断增强。

2. 竞技运动时代

近代以来,竞技运动随着资本主义社会的不断发展而得到了快速的进步与发展,竞技运动项目在近代的大量增加是其快速发展的集中体现。这一时期竞技运动以公正、平等为指导思想,并且将众多的文化因素融入其中,表现出勃勃的生机和充沛的活力。竞技运动的发展对运动员的运动技能提出了较高的要求,而如果只是一味地苦练并不能与这一要求相适应,因而改进体育教学方法势在必行。这一阶段,体育教学效率有了明显的提高,一些新的体育教学方法如演示法、观察法以及小团体教学法等开始逐步出现。

3. 体育教学时代

随着体育运动在现代社会的不断发展,体育日益成为学校教育的重要组成部分。作为一种文化现象,体育的内容也得到了极大的拓展,健康教育、心理训练、安全教育、体育咨询、体育培训等方面的知识在体育运动中都有涉及,体育的知识和技能都得到了快速且全面的发展。体育教学内容的丰富与拓展直接推动了人们对体育教学方法研究的不断深入。体育教学方法的深入研究要求学生对相应的体育知识和技能加以掌握,要求学生全面发展,即身体素质、心理健康、运动欣赏能力等都得到提高与发展。现代社会,科学技术的发展也取得了大量的成果,因而直接促进了一些新的体育教学方法的产生。计算机、录像、电影等多媒体技术的发展,使得运动表象和感知等方法得到了快速的深化发展。至此,现代体育教学方法的发展向着科学、规范、更高层次的方向迈进。

但是,新的体育教学方法的产生与发展并不意味着传统体育教学方法的消失。在不同的时代背景下,都会有与这一阶段生产力和科学文化水平相适应的体育教学方法出现。这些新的顺应时代发展潮流的体育教学方法与传统体育教学方法相互结合,相互借鉴,共同推动体育教学的改革与发展。体育教学方法是随着时代的变革而不断发展的,而且随着教学环境、教学对象和教学内容等教学要素的发展,体育教学方法也逐渐呈现出不同的阶段性发展特点。

(二)体育教学方法的概念

教学方法是师生为实现课堂教学目标和完成教学任务而采用的教学活动的总称,它是一种行为或操作体系,包含教师的教和学生的学两个层面的具体方法。体育教学方法就是实施体育活动所有的手段和方式的总和,我们可以从以下四个方面来理解体育教学方法的概念。

1."教"与"学"的统一

体育教学方法体现了教与学的统一,只有通过师生间的双边互动,才可以将体育教学方法的价值与作用更好地发挥出来。我们可以将体育教学活动简单地理解为两个方面的内容,即"教师的教"和"学生的学",体育教学活动中,教师和学生都是以主体的角色发挥作用的。教师在体育教学中选用具体的教学方法和手段都是以学生为主要对象的,教师和学生之间的关系极为密切。只有在师生的双边互动中,体育教学任务和目标才能顺利实现。因此,教和学两方面的内容贯穿体育教学方法实施的整个过程。

2.师生动作和行为的总和

体育教学方法的贯彻与实施是在师生互动中实现的,体育教学方法也是师生行为和动作总和的体系。体育教学方法与其他科目教学方法的主要不同之处在于,体育教学方法不仅对教学语言要素较为重视,而且对动作要素有突出强调。在体育教学过程中,学生掌握各种动作都离不开教师的讲解、示范以及纠正。只有在此基础上,学生重复进行练习,才能对相应的技术动作进行准确且熟练地掌握。因此,体育教学方法是教师和学生双方动作和行为的总和。

3.教学方法和教学目标密不可分

所有的体育教学方法都具目标性,如果没有明确的目标,那么体育教学方法的存在就毫无意义,其作用也无法发挥。体育教学方法与体育教学目标之间具有密切的联系,教学方法的选择与实施主要是为实现体育教学目标和任务而服务的。体育教学方法和体育教学目标之间具有不可分割性,如果强行将二者割裂,那么体育教学方法则失去了明确的方向,在具体的运用中就会表现出一定的盲目性。反之,如果体育教学目标与任务没有体育教学方法的贯彻实施,也将无法顺利完成与实现。

4.功能具有多样性

现代体育教学不仅注重学生动作和技术的掌握,以及各方面身体素质的增强,还注重学生的全面发展。因此,体育教学方法的功能也具有了多样性的特点。多功能的体育教学方法不仅能够在一定程度上促进学生运动能力的增强,还能够促进学生思想道德品质、心理素质等方面的发展,这对于学生的全面发展具有积极的意义。

(三)体育教学方法的构成

构成体育教学方式与方法的要素有很多,主要可以归纳为以下四个方面。

第一,目标要素。体育教学方法必须有一个指向的教育目标,目标作为体育教学的基础,没有它也就没有方法可言,教学方法主要是为教学目标服务的。

第二,语言要素。语言要素包括多种形式的语言,如口头语言、肢体语言等。

第三,动作要素。动作要素包括身体各种运动动作。在体育教学的本质中提到过,体育是以人的身体训练为手段的活动,所以身体训练是必不可少的。这是体育区别于德育、智育的主要特点。

第四,环境要素。环境要素除了包括学校的地理位置以及气候、风土等自然现象之外,还包括为配合教学活动而采用的体育器材与场地设施。

(四)体育教学方法的特点

1.互动性

任何一种体育教学方法都是教师指导学生学习这一双边活动的方法。它是由教师教和学生学组合而成的。具体来说,在体育教学方法的实施过程中,教师教的方法会对学生学的方法具有一定的制约性,学生学的方法也会对教师教的方法产生一定的影响。因此,师生在体育教学活动中相互联系、相互作用和相互统一的特点在体育教学方法中有着充分的体现,我们不能错误地将体育教学方法理解为教师教的方法与学生学的方法的简单相加。

2. 参与性

在体育教学过程中,所有参与者都必须将自身的各种感觉器官充分调动起来。在教学活动中,教师和学生不仅要通过视觉与听觉来对信息进行接收,还要在中枢神经系统的指挥下,运用身体的触觉、位觉、动觉等来进行动作的示范和练习,通过本体感觉来对机体在做正确动作时动作的力度大小、运动方向、动作幅度等进行感知,对正确的动作定式进行体会,从而对机体完成动作进行更加有效的控制。这些也都充分体现出了体育教学方法的多感官参与性特点。

3. 组合性

体育教学活动中,学生需要动员多种感官来接收教师发出的信息,这是由体育教学目标和教学程序共同决定的。学生利用大脑皮层对教学信息进行接收,并经过大脑的分析、加工和处理后以指令的形式对机体进行指挥,从而使机体顺利完成相应的动作。在这个过程中,学生需要充分运用感知、思维,并进行不断练习。感知是学习的基础,思维是学习的核心,练习是学习的结果。体育教学方法将感知、思维和练习三个环节紧密结合在一起,将体育教学过程的认识与实践、心理与身体有机结合的特点充分体现出来。

4. 交替性

在体育教学活动中,个体的身体活动和心理活动之间有着非常紧密的联系。学生通过感知动作及思考、记忆、分析等心理活动对动作技术和运动技能进行掌握。在教学过程中,学生生理和心理难免会承受一定的负荷,当这种负荷持续不断地作用于学生的机体后,学生必然会产生运动性疲劳。疲劳现象会使学生的学习兴趣和学习效率降低。所以,教师要合理采用体育教学方法,对运动锻炼的间歇时间做出合理的安排,要做好运动与休息的科学调配,唯有劳逸结合才能提高教学效率。

5.继承性

体育教学方法具有历史继承性。在长期的体育教学实践中,人们为了促进教学实效性的提高,对教学方法的探讨与研究非常重视,并且积累了较为丰富且宝贵的实践经验。有些教学方法是体育教学客观规律在一定程度上的反映,至今仍具有广泛的影响力,值得我们对其进行认真的总结与整理,并对其合理的部分进行借鉴。任何新的体育教学方法要绝对地从零开始是不可能的,它必然是借鉴多方面传统教学方法的结果,并在新的历史条件下将新的内容赋予其中,使其具有更新的意义与更显著的价值。

(五)体育教学方法的分类

当前,学校体育理论界针对体育教学方法提出的分类方法越来越多,而且越分越细。划分依据不同,体育教学方法的类别自然也不同。

(六)体育教学方法的层次

体育教学方法具有一定的层次性,它主要包括教学策略、教学方法和教学手段三个层次。

第一,教学策略。教学策略在体育教学方法层次中,居于"上位"层次,它是体育教学方法在广义范围上的概念,是传统定义中教学方法的组合,是教师通过组合多种方法和手段进行教学的行为方式。通常也可以将体育教学策略称为体育教学模式或方式,单元和课程的设计与变化是体育教学策略的集中体现。例如发现式教学法作为一种广义的教学方法,由模型演示、提问法、总结归纳法、组织讨论法等多种传统定义的教学手段组合而成。

第二,教学方法。教学方法在体育教学方法的层次系统中,居于"中位"层次,它是体育教学方法在狭义范围上的概念,基本与传统意义上的教学方法等同,是体育教师通过一种主要手法的运用来进行教学的行为方式。例如提问法这一具体的教学方法就是为了实现某个教学方式而采用的,是通过对提问和解答这两种具体方法的运用来实现教学的一个方式。体育教学方法也可称为"体育教学技术",通常是在体育课的某一教学步骤上体现出来的,并由于体育教师条件的不同而在选用和变化上也会出现一定的差异。

第三,教学手段。教学手段在体育教学方法层次中,居于"下位"层次,它是传统定义上教学方法的组成部分,也是教师开展教学活动的行为方式。体育教学手段也可称为"教学工具",体育课具体的教学环节上一般会采用各种教学手段。

(七)体育教学方法的意义

体育教学方法在体育教学活动的构成系统中居于非常重要的地位。体育教学方法不仅在教学活动的开展过程中发挥着重要的作用,而且在教学活动结束之后,教学方法的影响也不会在短时间内完全消失,这是体育教学内容、环境等其他构成要素所无法比拟的。具体来讲,体育教学方法具有以下四个方面的意义。

第一,促进教学任务的完成。体育教学方法在体育教学活动中是体育教师与学生双方互动的主要连接点。科学有效的体育教学方法可以将体育教学活动中的两个重要主体(教师与学生)紧密连接起来,这一连接有利于促进体育教学目标与任务的顺利完成。倘若缺乏科学有效的体育教学方法,预期的体育教学目标将难以顺利实现,教学任务也将无法高效地完成。

第二,促进良好体育教学氛围的营造。科学合理的体育教学方法可以促使学生参与体育学习的积极性不断提高,使学生学习兴趣不断高涨,同时也有利于营造良好的教学氛围。良好的教学氛围反过来又感染与激发学生,引导学生主动参与学习,从而形成一种良性循环。体育教学方法的科学运用,对于提高学生对体育教师的信任度非常有效。教师一旦赢得了学生的信任,就很容易引导学生来学习体育课程,从而和谐的体育教学气氛就更容易形成。

第三,促进学生身心素质的全面发展。体育教师选用教学方法容易受科学思想的感染与熏陶,因而所采用的方法必然具有一定的科学性,而采用科学恰当的教学方法进行体育教学,对于促进学生的身心全面发展非常有益。相反,倘若教师在教学过程中选用的是不具备科学性且不恰当的教学方法,就会对学生身心的健康发展造成不利的影响。我们可以将体育教学活动中的体育教学方法的实施过程看作是学生对体育运动技术进行体验与锻炼的过程。因此,教师不仅要向学生传授体育方法论的相关知识,同时也要对学生的训练实践进行引导,促进学生身心的全面健康发展。此外,科学的体育教学方法对于培养学生丰富的情感、锻炼学生的意志品质也是非常有益的。总之,体育教学方法对学生的全面发展有着重要的影响。

第四,促进体育教学质量的提高。科学的体育教学方法能够通过充分调动各种有利的因素来促进学生学习兴趣与热情的不断提高,引导学生将主观能动性充分发挥出来,从而促进学生学习效率的不断提高,最终促进体育教学质量的提升。

二、体育教学方法的科学选择

(一)常见体育教学方法分析

1.语言教学法

语言教学法又可以分为讲解法、口令法、指示法和口头评价四种。

第一,讲解法。作为一种基础的语言教学方法,讲解法在体育教学过程中运用得最多。几乎整个体育教学过程都会运用到语言讲解的教学方法。在体育教学中,教师通过语言描述的方式向学生说明教学的任务、内容、要求、动作名称、动作要领等,以达到预期教学效果的方法就是讲解法。这种教学方法一般在体育教学的初期具有非常重要的作用。在初步学习技术动作时,体育教师需要先通过讲解法向学生描述这一技术的基本动作和难点、要点,使学生对该动作技术形成一个初步的认识和了解,从而为进一步的学习与练习奠定一定的基础。教师运用讲解法时,要重视该方法的科学性和艺术性,以促进整个教学效果的提升。体育教师在教学过程中要不断总结经验,在语言表达上要做到精益求精。体育教师在运用讲解法进行教学的过程中,应注意三个要点:第一,要有目的地讲解。在对讲解内容、方式进行选择时,对讲解语气、速度进行调整时,应依据学生的特点、教学的目标和教学内容来进行,抓住讲解的重点和难点。第二,注意所讲解的理论知识要准确、权威,所讲解的技术内容要与技术原理相符,并充分考虑学生的接受能力。第三,讲解的方式和广度要以学生的实际情况为依据来实时调整。

第二,口令法。口令法是指有确定的内容和一定的顺序与形式,并以命令的方式对学生活动进行指导的一种语言教学方式。在体育教学活动中,体育教师对口令法的运用一般出现在队列练习、队形练习、基本体操、队伍调动等活动中。在具体运用中,体育教师应准确、清晰、洪亮、及时地发出口令,并注意从人数、形式、内容、对象等特点出发对自己的语调语速进行控制。

第三,指示法。指示法是指体育教师通过简明的语言来指导学生进行活动的语言教学方法。教师运用指示法时,应注意准确、简洁、及时等方面的要求,且尽量用正面词。指示法主要有两种运用情境:情境一,在练习时,学生未能意识到或者做关键的动作时运用;情境二,在体育教师组织教学中运用,如场地布置、器材收拾等。

2. 直观教学法

在体育教学中,教师通过实际的演示或外力帮助,借助学生的视觉、听觉、触觉、肌肉本体感觉等器官来对动作进行直接感知的教学方法即直观教学法。一般将体育教学中常用的直观教学法细分为以下六种具体的方法。

第一,动作示范法。体育教学中,教师为帮助学生对技术动作进行认识和了解,经常使用动作示范法。教师以具体动作为范例,帮助学生对动作规范、结构、要领和方法进行直观掌握。学生通过观看教师正确优美的动作示范,可以建立正确的动作表象,学习的兴趣也会因此而提高。教师在运用直观教学法进行教学的过程中,应着重注意几个方面。首先,教师在示范时,不要一味展示自己的技术水平,要明确示范是要达到什么目标,要使学生从中获取什么信息,要考虑如何示范才更容易使学生更清楚动作要点。其次,注意对动作示范位置与方向的选择。教师要先让学生按照一定的队形排列,然后根据该队形的特点来选择示范的位置与方向,让全体学生都能观察到自己的动作示范。再次,教师的示范动作要准确、熟练、轻快、优美,从而激发学生的学习兴趣。最后,教师在示范的过程中,要配合语言讲解。因为如果单纯示范,学生不容易把握其中的要点,这时就需要教师通过语言讲解来提醒学生哪些是重点,哪些是容易出错的地方。

第二,多媒体教学法。随着现代化技术的不断进步与发展,越来越多的现代化技术逐渐被运用到了体育教学中。多媒体教学法就是在此环境中被广泛运用的,它是教师通过给学生播放幻灯、投影、电影、电视、录像等进行教学的方法,这种教学方法的主要特点与优势就是生动、形象、真实。在运用多媒体教学法的过程中,教师应注意在综合考虑教学目标及学生特点的基础上选择适宜的电视、电影、录像等内容来播放。如果将电视、电影、录像等的播放与讲解示范有机结合,将会收到更好的教学效果。边播放边讲解或适当停顿讲解,学生可以获得更直接的思维感受。

第三,条件诱导法。以某种条件为诱因,与体会动作相联系,起到直观作用的方法就是条件诱导法。例如在长跑项目教学中安排一名领跑员,不仅有利于形成在长跑中有一种带领性的速度感,而且也有利于队友间的相互保护。其中,牵引性的助力和对抗以及限制性的阻力能较快地使学生建立完成动作的时间感与空间感。此外,为了使某些动作更加富有节奏感,可以用音乐伴奏或借助节拍器。

第四,直观教具与模型演示法。教师在体育教学中难免会用到一些教具和模型来进行辅助性的教学,这些教具与模型都是具有直观性特征的,如挂图、图表、照片等。通过这些用具对教学内容进行讲解,有利于帮助学生建立正确、完整的动作形象。教师不仅可以采用教具让学生进行长时间的观摩,还可根据情况对某个细微的环节进行特别强调,因此教师应将图表、模型和照片等直观教具充分利用起来。采用教具与模型演示方法对于帮助学生直观了解技术动作的全过程非常有效。此外,教具、模型的演示还可以吸引学生的注意力,提高教学效率。

第五,助力与阻力教学法。在体育教学过程中,体育教师借助外力使学生通过触觉和肌肉的本体感觉对正确的动作用力时机、用力大小、用力方向、动作时空特征等进行体验的教学方法就是助力与阻力教学法。体育动作的技术教学环节一般会比较多地采用助力与阻力教学法,这是一种能够帮助学生对正确技术动作进行有效掌握的直观教学方法。

第六,领先与定向教学法。领先教学法是指教师通过对具体的动态视觉信号加以利用,给学生提供相关指示的教学方法。例如在体育教学过程中,教师可以对动态的、超前的视觉信号加以利用,给学生施加相应的刺激与激励,帮助学生顺利完成技术动作。定向教学法是指教师通过具体的静态视觉标准的利用来给学生提供相关指示的教学方法。例如在体育教学中,教师为了向学生指示动作的具体方向、轨迹、幅度等,对标志物、标志线、标志点等进行合理运用。

3.分解教学法

体育教师在教学中,将完整的动作技术合理地分解成几个部分与段落,将动作的各部分逐个教给学生,在学生对各部分动作都熟悉后,再完整地向学生教授整个动作技术的教学方法即为分解教学法。这种教学方法的优点在于把动作技术的难度相对降低,不仅便于学生掌握教学重难点,而且便于突出教学重难点,从而提升学生的学习自信心。这种教学方法的不足之处在于学生难以对完整动作进行领会,有可能只是单独掌握一些局部和分解动作。

运用分解教学法时,应注意的方面有:首先,体育教师要采取相对合理的分解方式分解动作,具体应根据动作技术的特点进行。其次,体育教师对动作技术的段落与部分进行划分时,还要对各部分之间以及各段落之间的有机联系进行考虑,尽可能保持动作结构的完整性。最后,对于完整动作中各部分与各段落的地位与作用,体育教师应有所明确,并为最后的动作组合做好准备。

4.完整教学法

完整教学法是体育教师在教学过程中从开始到结束不分解动作,完整地传授动作的教学方法。它可适用的教学过程主要有:首先,动作结构较为简单,对于协调性没有过高要求,方向线路变化较少的技术教学。其次,动作虽较为复杂,但各部间密切联系,不宜对其进行分解的技术教学。最后,虽然动作较为复杂,但学生储备了足够的运动能力,拥有较强的运动学习能力。用于应该分解而又不宜分解的动作时,容易给教学造成不良影响,这是完整教学法的不足之处。

具体的体育教学实践中,完整教学法的运用需要注意的事项主要有:首先,直接运用。在对一些较为简单、容易掌握的动作进行教授时,教师进行讲解与示范后,指导学生直接练习完整动作。其次,从教学重点进行突破。例如体操或跳水运动中有一些空中翻腾动作,教师虽然不能对其进行分解,但对于其中的动力、动作时机和动作要领等要素,教师还是可以进行一一分析的,教师可用辅助的方法使学生体会动作感觉,并进行重点的练习。最后,降低难度。在完整练习时,可减轻投掷器械的重量,或调整跳高横杆的高度、跑的距离与速度,或徒手完成一些本来需持器械完成的完整动作等。

5.程序教学法

程序教学法也称为"学导式教学法"或"小步子教学法"。它是以认知规律和技能规律为依据,将体育教学内容分解成为若干小步子(相互联系),使之组成方便学生学习的逻辑序列,并且对相应的评价信息反馈系统进行建立的教学方法。在教学过程中,学生按照分解后的小步子逐步学习,在学习后进行及时的评价,并依据评价的结果对学习效果进行及时的反馈。如果评价后发现达到了预定的标准,则按顺序进行下一步的学习;如果没有达到预期标准,则重新学习该小步子,并予以校正。

体育教学中运用预防和纠正错误的教学法主要有以下五种常见的形式。

第一,降低难度。在体育教学过程中,学生体能素质较低、心理紧张、认识不足等都会导致动作的错误。对此,教师可通过降低动作难度来避免这一现象的发生。具体来说,教师可采用改变练习条件,分解完成动作等方式来对技术动作的难度进行调整。降低难度可以使学生将技术动作轻松地完成,从而增强自信心。

第二,外力帮助。学生感受正确动作的方法即为外力帮助法。在体育教学课上,如果学生在学习动作时对用力的部位、大小、方向以及幅度等不清楚,就很容易做出错误的动作,这时教师可通过对推、拉、托、顶、送、挡等外力的运用来帮助学生对正确动作的本体感觉加以体会,最终达到纠正错误的目的。

第三,强化概念。在学习过程中,学生正确理解概念可以有效促进其在大脑中形成正确的动作形象。教师在体育教学实践过程中,应注意通过采用讲解、示范、对比等方法来促进学生对正确动作概念的不断强化,促使学生对正确的动作表象顺利形成,使学生对正确与错误动作的差异和区别有所明确,主动避免错误或及时纠正错误。

第四,转移练习。在体育学习中,学生的恐惧、焦虑心理或受旧运动技能的影响也会使其出现错误动作。针对这种情况,教师应及时转移学生的练习,通过采取变换练习内容的方法,利用一些诱导性和辅助性的练习,促使学生摆脱已经形成的错误动作定式,进而形成正确的动作定式。

第五,信号提示。信号提示是指学生在学习与训练技术动作的过程中,由于用力时间或用力方向不当而出现错误的动作时,教师及时给予信号指示,帮助学生改正错误动作。听觉信号、口头信号、视觉信号等都是教师具体采用的信号提示方法。此外,标志线、标志点、标志物等也可以帮助学生对错误动作进行预防与纠正。

(二)体育教学方法选择的参考依据

第一,依据体育教学目标进行选择。体育教学目标具有多层次性的特点,具体体现在身体发展目标、知识发展目标、技能发展目标、社会发展目标以及情感发展目标等方面。为了促进这些不同层次教学目标的实现,教师应采用不同的教学方法。在体育教学中,教学目标并不是孤立的,它是多种目标的综合,而每一单元、每一堂课目标的侧重点是不同的。所以,在教学过程中,教师应以具体的课堂教学目标为依据,对重点发展某一方面的教学方法进行合理选择。体育教学总目标是通过一个个课时教学目标的逐步实现而最终实现的。课时教学目标具有一定的指导性,而且包含着丰富的内容,既有运动技能和运动理论方面的内容,也有心理和品质品格方面的内容。针对这些不同内容的教学目标,教师应选择与之相适应的科学教学方法来进行具体的教学。

第二,依据体育教材内容进行选择。体育教学内容与教学方法之间密切联系,针对不同的教学内容,应采用不同的教学方法。如对于理论方面的内容,适合采用语言教学法;对于实践方面的内容,适合采用直观示范教学方法。可见,对教学方法的选择受不同性质的体育教学内容的影响。同一种教学方法运用于不同教学内容上会产生不同的效果。所以,在体育教学过程中,教师应注意对教学方法的灵活选择。

第三,依据教师的自身条件进行选择。作为体育教学方法的实施者,体育教师自身的素质对于教学效果与质量有着直接的且非常重要的影响。倘若体育教师自身的能力和素质水平较低,则难以将体育教学方法应有的作用很好地发挥出来,从而影响教学活动的顺利进行。因此,教师在选择相应的教学活动时,应对自身的专业素养、能力水平以及教法特点有客观的理解。一般而言,体育教师需要对众多的教学方法进行熟练掌握,这样才可以从自身以及学生的实际情况出发选择最佳的教学方法。不同教师根据学生实际状况采取同样的教学方法,也会得到不同的教学效果,可见教师自身条件极大地影响着体育教学活动。因此,教师要有意识地提高自身的素质,优化自己的教学策略,对更多的教学方法加以尝试,继而熟练运用。

第四,依据学生的实际情况进行选择。在体育教学过程中,教学方法的实施主要以学生为对象,促进学生更好学习是运用各种不同教学方法的最终目的。因此,在选择相应的体育教学方法时,应与学生特点及其实际情况(年龄特点、性别特征、身心发育状况以及相应的知识储备和学习能力等)相符合。

第五,依据体育教学物质条件进行选择。在体育教学活动中,体育教学物质条件对教学方法的选用有很大程度的影响。学校的体育教学器材、场地以及设施等都属于教学条件的范畴。倘若学校拥有全面且先进的教学条件,那么体育教学方法的功能与作用就可以得到良好的发挥。相反,倘若教学条件落后且不全面,则会直接影响体育教学方法的作用与价值的充分发挥。例如在背越式跳高的教学中,采用海绵块练习的效果要优于沙坑练习,主要是因为海绵块相对干净,比较安全,学生在海绵上练习不会有很大的心理负担,而且神经系统兴奋性会处于较高的水平。在体育馆内进行体育教学,能够避免受到周围环境的影响,促进体育教学方法使用效果的提高。对现代化体育教学手段的充分运用,能够使教师在动作示范时的某些缺陷得到有效的弥补,从而促进体育教学质量的提高。因此,体育教师在对教学方法做出选择时,要对体育教学物质条件进行充分的考虑。

第六,依据不同体育教学方法的功能与适用条件进行选择。不同的体育教学方法拥有不同的特点、功能、适用条件与范围,而且不同的教学方法都有优点与不足。在体育教学活动中,各要素组合的合理性对体育教学方法的作用与价值的充分发挥具有非常重要的影响。有时,一种教学方法可能适合在某个体育项目的教学中使用,并且效果良好,但不适合在其他项目的教学中采用,否则会影响教学活动顺利开展。同理,对于某一教学内容的教学,有些教学方法是合理且能够产生正效应的,而有些就会产生相反的作用。例如谈话法是对新知识进行传授的主要方法,使用这一方法的前提与基础是教学对象已有知识与心理方面的准备,倘若没有做好准备,采用这一方法就不会出现所预期的理想效果。讲授法能够将大量的系统知识在短期内传授给学生,有利于体育教师主导性的发挥。然而,学生的主动性与创新性在这一方法的运用中是难以得到充分发挥的。所以,体育教师在对教学方法进行选择时,对于不同教学方法的功能、应用范围和条件等,一定要进行认真的考虑与分析。

(三)体育教学方法选择的注意事项

1.加强师生之间的协调配合

在体育教学过程中,为了实现预期的教学目标,教师和学生必须进行默契的配合。体育教学活动中,没有"教"的"学"和没有"学"的"教"都是不存在的。因此,无论采用何种教学方法,都应考虑"如何教"和"如何学"。传统体育教学一味以教师为中心,选用教学方法也只对教师"如何教"的问题比较重视,而直接忽略了学生在教学过程中的作用。例如教师在示范动作时,只对动作的优美和协调性比较重视,而没有对学生的感受进行考虑,从而使得学生的学习效果不佳,影响教学质量。因此,体育教学方法的选择应注意考虑师生双方的默契配合,避免两者脱节。

2.加强不同学习阶段的前后配合

学生在体育教学过程中,不同的学习阶段会有不同的学习特点产生。教师选择体育教学方法应对学生学习知识的不同阶段的前后配合予以考虑。例如在学生的动作学习过程中,教师应注重指导学生从"模仿型"向"创造型"过渡,并实现二者的有机结合。学生的学习过程也是对学习内容不断了解与掌握的过程。在初步学习阶段,往往以模仿(模仿教师或他人)学习为主,之后,学生就会形成动作定式而完全摆脱模仿,即从"模仿型"过渡到"创造型"。这两个阶段之间具有一定的联系,又相互区别。因此,在对教学方法进行选用时,应有意识地使二者之间的互相代替、割裂得到有效避免。

3.加强学生内部与外部活动的配合

学生的学习过程是内部活动和外部活动的统一。学生的心理活动以及相应的生理生化反应等属于内部活动;学生的动作质量、情绪、注意力等属于外部活动。教师在选择相应的体育教学方法时,应注重学生内部活动与外部活动之间的配合。教师应善于分析学生的内外活动变化,有机结合指导学生外部活动的方法与激发学生内部活动的教学方法,以使学生能够自觉地进行体育学习。在体育教学方法的选择过程中,教师还应对多种教学方法进行对比与分析,从而将最佳的教学方法确定下来。

此外，对于不同的教学方法适用于哪些教学内容，可以解决什么教学问题，能够对什么教学对象起到积极作用等，都是体育教师需要考虑的问题。

三、体育教学方法的科学运用

（一）体育教学方法的优化组合运用

1. 优化组合运用的原则

（1）启发性原则

不管是采用哪一种形式的教学方法，都应该考虑其是否有利于调动学生的学习积极性和主动性，是否可以促进学生进行积极的思考与自主的探索，是否可以促进学生各方面素质的全面提高。在体育教学活动中，对教学方法的优化组合还要注重对学生学习兴趣和动机的培养，从而使学生的自主思维得到充分发挥。

（2）最优性原则

教学方法不同，其自然就具有不同的特点、功能和应用范围，而且各自的优势与不足也有差异。因此，在对教学方法进行组合运用时，不同体系的综合教学方法会因此而形成，每一套教学方法的特点也各不相同。对此，教师在进行体育教学方法的优化组合时，应以实际需要为依据，选择最符合实际情况的一套教学方法。教师在选择教学方法时，应从整体入手，将各种适应相关教学内容的教学方法进行有机结合，从而将教学方法体系的整体功能充分发挥出来。

（3）统一性原则

统一性原则要求教师在对相应的教学方法进行选择时，应注重"教"与"学"双边活动的统一，并强调二者的密切结合与相互促进。如果只重视其中的一项活动，则难以使教学活动达到预期的开展目标。另外，贯彻统一性原则还要求体育教师在教学过程中尽可能地将教学方法的多种功能充分发挥出来，从而全面促进学生各方面素质的提高。

2.优化组合的程序

(1)进一步明确体育教学的任务。

(2)根据实际情况将总体设想提出来。

(3)对多种体育教学方法加以优化组合。

(4)对优化组合的教学方法加以实施与评价。

(二)体育教学方法运用的注意事项

1.全面考虑影响体育教学方法运用效果的因素

体育教师在对体育教学方法进行科学运用时,为了增强教学效果,应全面分析对教学方法运用效果产生影响的各方面因素。具体涉及的因素包括教师自身、学生以及教学条件与环境。在体育教学过程中,体育教师自身的知识储备、人格魅力以及教学技艺等会对教学方法的运用效果产生不同程度的影响。所以,全面提高教师的素养对于增强教学方法的使用效果。体育教学是教师与学生共同参与的活动,学生对于教学方法运用的效果同样也会产生举足轻重的影响。因此,教师应注重鼓励学生发挥主观能动性。除教师和学生两方面的影响因素外,体育教学的物质条件和环境也会对体育教学方法的运用效果产生一定程度的影响。因此,体育教学中在强调教学主体因素的同时,也要重视对良好教学条件的提供与教学环境的优化。

2.注意体育教学方法有关理论的运用

体育教学的理论源于实践,但又高于实践。因此,在运用体育教学方法的过程中,教师不仅要注重实践方面的问题,还要重视对理论方面进行积极探索。如果相关理论的研究具有片面性,那么体育教学的方法也会相应表现出片面的缺陷。因此,在体育教学实践中,对体育教学方法的相关理论基础进行探索,应综合考虑辩证唯物主义与唯物辩证法的基本观点,系统论原理,教育学、心理学有关学科理论知识,普通教学论和体育教学论等所有相关的内容。

综上,在体育教学过程中,教师应树立新的观念,运用新的理论对体育教学工作进行指导,不断促进体育教学方法的改革与发展,将各种教学方法的效用充分发挥出来。

第二节　高校体育教学方法体系的构建过程

"目标统领教材"是体育课程改革的突出特点,即以不同的教学目标为依据对不同的体育教学内容进行选择。学校向学生传授的各种思想、知识、技巧、技能、言语、观点、信念、行为、习惯等的总和就是教学内容。本质上来说,学生的学习过程就是将这些丰富的教学内容内化为自我发展成果的过程,这一过程体现了由外到内的转变,其不会自动完成,必须通过教学方法的运用才能实现。

选择体育教学方法要因地、因时、因人而异,即以不同地区的实际情况、学生的身心发展特点等为依据来对体育教学方法进行确定,这是体育新课程标准的基本要求。以往的体育教学大纲虽然对教学目标、各年级教学内容比重及考核标准做出了明确的规定,但却忽视了地区间、城乡间、学校间的差异,而且也没有将学生的体育基础、兴趣、爱好等因素考虑在内,从而在具体的教学过程中只重视采用教师的讲解与示范等单一的教学方法,学生"看体育"的负面效果因此形成。

体育课程标准对课程目标、领域目标、内容标准做出了相应的规定,但没有限制具体内容、比重、成绩评定等。新课标以学习内容性质的不同为依据对五个学习领域进行了划分,不同领域都有相应的教学任务和教学内容。虽然有些领域中的内容并不具体,但能够在其他领域中对相关内容进行渗透和贯穿,形成"目标—内容",即目标指导内容选择,内容选择达成目标的关系。与此同时,新课标还对6级学习水平进行了划分,并对相应的水平目标进行了设置,而且主要是以学生的身心发展特征为依据来划分的,从而将体育教学特殊的规律充分体现了出来。

此外,新课标不对具体的学习内容进行规定,而是提出了达到目标的内容或活动建议,为学校提供了较大的选择余地。学校可以本校实际为依据对教学内容进行合理选择,从而促进学习目标更好地实现。由此可见,新课程标准的五个学习领域,不仅是学校选择体育教学内容的主要依据,同时也是体育教学自身规律的体现,也可以有效地指导体育教学方法的选择,促进"目标—内容—方法"教学范畴体系的形成。这样,不同地区、学校就拥有了选择符合本地区特点或本校特点的教学内容与方法的广阔空间。

学生学习方式的转变是体育新课程改革的基本特色,具体指改变学生单纯接受式的学习方式,建立发挥学生主体作用的学习方式,并积极提倡研究性学习。这一转变对于教师来说,要对不同学生的情况进行了解,从而向学生提供不同的学习空间,同时还要对不同年龄学生的教学方法进行考虑。新的课程标准必须有新的方法体系与之配套。体育教学需要以体育教学自身的规律为依据,并结合具体的教学内容去开展教学活动,以促进学习目标的顺利实现。因此,体育教学应以体育教学规律及为实现目标而选用的教学内容为依据,按课程标准划分的五个学习领域对新的体育学习方法体系进行构建。

体育课程改革对五个学习领域目标做了重点强调,并在此基础上以学生不同的身心发展阶段为依据对六个不同的水平目标进行了划分。在体育教学实践中,每节课都要以不同的目标要求为依据对教学内容进行选择,而每节课教学内容都要能够使五个领域的不同目标顺利实现。因此,各个领域目标都有不同的水平目标与之相对应,教师应当以不同的水平目标为依据来对所需要的教学方法进行合理选择与科学运用。

第三节　高校体育教学方法的发展创新

一、促进体育教学方法创新发展的因素

(一)科技进步促进了体育教学方法的创新

随着科学技术的迅速发展,人们的生活水平不断提高,生活质量得到了很大程度的优化。而且,科技的进步在体育教学领域也产生了积极的

影响,具体表现在对体育教学方法产生的深远影响上。计算机技术的快速发展,使其在体育教学中的普及性也在逐步提高,这也促进了体育教学中动作示范标准程度与科学程度的提高。而且,科技的进步使得资料的搜集、整合更加便捷,学生在学习空间和时间方面受到的限制逐渐减少,实时的信息沟通逐步实现。通过运用计算机进行动作示范,可以从不同的侧面,以不同的速度,对不同部位的动作进行更细致的分析和研究,使传统的讲解示范等方法更好地发挥自身的作用。

(二)体育教学内容的变革促进了教学方法的变革

为了与时代的发展相适应,满足学生不断增长的体育需求,体育教学的内容也在不断改革与发展,这也直接促进了体育教学方法的变革。例如随着定向运动和野外生存运动被引入到体育教学之中,体育教学活动的野外组织和教学方法得到了更加深入的开发。

(三)体育教学理论的发展促进了教学方法的改善

体育教学理论的发展对于体育教学方法的创新与进步具有积极的影响。在新的体育教学理论的科学指导下,体育教学方法的发展和创新速度逐步提高。在传统的体育教学过程中,对于体育运动技能的分析还不是很深入,并且针对同一运动项目的教学所采用的教学方法较为固定,甚至不同运动项目的教学中都采用同样的教学方法,即不管面对什么样的教学内容和教学目标,都是以"以不变应万变"的态度来选用教学方法。然而随着有关专家对体育运动项目研究的不断深入,适合不同运动项目的体育教学方法也创造性地应运而生。

二、新型体育教学的方法分析

(一)探究教学法

在体育教学过程中,引导学生发现问题、分析问题、最终解决问题,使学生在探索、研究的过程中对知识和技能进行掌握的教学方法就是探究教学法。探究教学法与现代教学教育理论对学生的要求更相符,也是新体育课程强调学生主体性理念的重要表现,因此在体育教学中日益受到教师与学生的高度重视。

运用探究教学法应注意以下三点：

第一，目的明确。教师在教学时应预先对研究计划进行确立，以促进体育教学目标的顺利实现。目的不明确、与教学实际不符的探究活动不仅会造成时间的浪费，还会对课程目标的实现造成妨碍。

第二，与学生的知识水平相符。教师的教学必须以学生实际的知识能力水平为前提，教学内容太简单对于学生学习兴趣的激发是无益的；教学内容太难会使学生失去学习兴趣与信心。因此，体育教师在教学前很有必要对学生基础知识的掌握能力以及技能水平进行了解，引导学生进行力所能及的探究。

第三，加强对学生的引导、启发与鼓励。在教学过程中，针对学生通过努力仍然有一定解决难度的探究性问题，教师应加强对学生的引导、启发与鼓励，但不能代替学生进行探究活动。

（二）游戏教学法

教师以游戏的方式，组织学生进行体育学习的方法就是游戏教学法。游戏教学法要在规则允许的范围内实施，目的是将学生的主动性和创造性充分调动起来，达到体育教材内容所规定的目标。游戏教学法可以使个人的主动性和创造性得到充分发挥，这种方法实施起来也较为简单，且非常容易被学生接受，也是最受学生欢迎的教学方法之一。

教师可以在学生个体之间展开游戏教学，也可以在学生学习小组之间展开游戏教学。通过创建游戏情境，教师可以使学生感受紧张的气氛，并从中学会如何进行合理竞争，如何与同伴相互协作。游戏教学法有助于促进学生学习兴趣与身体活动能力的提高，有利于促进学生身体素质的全面发展，使学生在愉悦的运动体验中对相应技术的运用方法进行掌握。

以下三点是在体育教学中采用游戏教学法时需要注意的要点：

第一，教师在明确体育教学目标后，要以此为依据设置游戏的形式，对不同形式的游戏应事先确定游戏的规则，从而使学生在参与游戏的过程中知道自己该做什么,不该做什么。

第二,教师应在要求全体学生遵守规则的同时,鼓励学生发挥个体主动性和创造性。

第三,在体育教学中,教师在运用游戏教学法时,学生个人的选择性与独立性较大。因此,教师在安排运动负荷与动作控制方面会受到很大的限制,对此应进行妥善处理与解决,避免产生矛盾。

(三)竞赛教学法

在体育教学中,检验教学效果和促进学生技能运用能力不断提高的教学方法即竞赛教学法。竞赛教学法也是一种对教学效果进行检查的有效手段。这种教学方法不仅能促进学生将自身机体功能最大限度地发挥出来,而且还能促进学生的比赛应变能力和比赛中心理调控能力不断提高,更能对学生勇敢、灵活、团结、谦虚等意志品质进行有效的培养。学生在学习运动技术之初,教师不适宜采用竞赛的方法进行教学,只有经过一段时间的学习,学生能够将动作技术较为连贯且熟练地完成后,才能采用该方法。一般在竞赛活动后,教师要及时对学生的表现做出评价。

教师在运用竞赛教学法时,应着重注意以下三个方面:

第一,对竞赛教学法的目的加以明确。在运用竞赛教学法时,不论是对教学内容进行确定、对竞赛方式进行选择,还是对竞赛结果进行证实等,都要树立"服务于教学目标"的观念。

第二,竞赛教学法的运用要注意对学生进行合理的配对和分组。无论是个人与个人的比赛,还是小组与小组的比赛,都要注意双方实力的均衡,教师还应尽可能地对均衡的比赛条件进行创造。

第三,运用竞赛教学法时,教师一般在竞赛结束后需要对学生完成动作的质量予以客观评价,并向学生指出哪些地方应该改进,应如何改进。

(四)自主学习法

在体育教师的指导下,学生以自身的实际需要和现实条件为依据对目标进行制定、对内容进行选择,完成学习目标的体育学习模式就是自主学习法。教师应多为学生提供自主学习的机会,使学生的学习热情得到充分激发,使学生的学习主动性得到最大限度的发挥,并使学生产生满足感与成就感,增加其学习的自信心。

体育教学要按照四个程序采用自主学习法,具体如下:

第一,学生先制定自己的学习目标,学习目标要明确,不能空而大,要在自己的能力范围内可以实现。

第二,学生根据目标来选择学习方法。学生对学习方法的选择并不是盲目的,而是在对自己已有的经验和知识进行充分考虑的基础上进行选择的。

第三,学生完成一个阶段的学习之后,对照之前制定的目标,看自己是否完成了目标,完成质量如何,即自己对自己在这一阶段的学习状况做出评价。

第四,学生在进行自我评价后,清楚自己在学习中存在哪些不足,并为下一阶段的学习制定新的目标。

(五)合作学习法

在体育教学中,小组或者团队中的学生为促进共同学习目标的实现,有明确责任分工的互助性学习形式就是合作学习法。教师在指导学生进行合作学习时,要使学生意识到自己在小组或团队中的重要性,要明确自己的角色定位,这样才能激发其责任感。

体育教学中一般按照一定的程序来实施合作学习法:教师对学生进行合理的分组;小组成员集体讨论并确定本组所要达到的学习目标;确定学习目标后,小组内再进行具体的分工,这一步需要教师的指导与帮助;小组各个成员明确自己的职责与任务,由小组长领导,相互协同合作完成任务;结束小组学习活动后,每个小组派代表发言,谈谈自己的感受与心得,各个小组之间展开交流,共同进步。

三、体育教学方法的创新发展趋势

现代体育教学方法经过多年的改革与发展,已经形成了具有自身特色的教法体系。随着经济社会的不断发展,现代体育教学方法仍处于不断创新与发展中,并呈现出以下三方面的趋势。

(一)现代化趋势

现代教学方法的现代化在发展过程中,体育教学的现代化十分明显。体育教学现代化的重要表现之一是教学设备的现代化,通过对先进技术手段的运用,体育教师能够更好地开展教学活动,使学生可以更好地参与体育学习。而且,通过运用先进的现代化设备,教师可以对学生的身体素质有一个更加全面的了解,从而有针对性地对运动训练的负荷量进行安排。在教学管理方面,现代科技的运用可以为学生的学习和生活提供更加便捷的服务。随着现代社会的不断发展,体育教学的各项技术将得到一定程度的创新与发展,教学方法也必然呈现出现代化的创新性发展趋势。

(二)心理学化趋势

在心理学中,学习是一个较为复杂的心理过程。在体育教学中,学习是一项既涉及知识记忆,同时还涉及动作技术记忆的复杂形式。随着心理学研究的不断深入,学习过程中的各个要素与阶段开始被人们逐步认识,并且在具体的教学实践过程中,心理学的相关理论得到了一定的运用,并发挥了积极的作用。在体育教学方法的发展过程中,很多心理学的研究成果都得到了不同程度的应用,这对于促进体育教学质量的提高具有积极的影响。另外,体育教学方法的运用还肩负着提高学生的意志品质、发展学生的健康心理等培养任务,通过对相应的心理学知识进行采用,能够使体育教学方法在这些方面的任务得到顺利实现。

(三)个性化与民主化趋势

现代体育教学方法正在逐渐向个性化、民主化的趋势发展。在传统体育教学过程中,强调教师的主体地位,在教学过程中只重视教师的教,教师组织教学活动也没有对学生个体之间的差异性进行充分考虑。随着体育教学的深入改革与发展,社会越来越重视学生个性的发展。因此,体育教学方法的发展也必然呈现个性化的创新趋势。个性化的教学方法改革和创新不仅有利于学生的全面发展,而且有利于社会的进步。

体育教学方法的民主化发展也是大势所趋。随着体育教学过程中民主意识的崛起,民主化体育教学方法将得到进一步的重视与更加广泛的采用。

第四章　高校体育教学管理简述

在现代学校教育教学中,体育已成为其中的重要组成部分。随着现代教育改革的不断深化,以及在"终身体育""健康第一"等教学思想的指导下,体育教学在现代学校教育教学中的地位与日俱增。

第一节　体育教学管理的基本知识

一、体育教学管理的概念与原理

(一)体育教学管理的概念

体育教学管理是一项系统的、综合性的工作,是具有一定管理权力的组织和个人对体育教学的人、财、物、信息和时间等方面进行的综合性管理。具体而言,体育教学管理包括控制、监督、组织、协调、计划等方面。

现代体育教学管理是一个系统的过程,工作内容涵盖了体育事业的各个方面。体育教学管理是一项综合性的活动,各个子系统与体育管理总目标保持一定的一致性。在体育教学管理过程中,各个系统之间是相互影响、相互制约的,共同促进体育教学管理总体目标的实现。

体育教学管理是一个周期性的活动,一般可将其分为三个阶段。第一阶段为计划阶段,这是体育教学管理的首要阶段。这一阶段主要的工作包括对教学和管理中的问题进行分析和预测,确定体育教学管理的目标,并进行相应的决策等。第二阶段为管理的实施阶段,这是管理过程的中心环节,这一阶段的重要工作包括教学管理的组织、指导、协调、检查和监督。第三阶段是体育教学管理的最后阶段,这一阶段的主要工作包括对体育教学管理开展对比、总结和评价等。这三个阶段共同构成了体育教学管理的周期,三者之间相互促进、相互联系。

(二)体育教学管理的原理

1.系统原理

管理是一个大的系统,系统中包含着多个要素,这些要素之间相互依存、相互联系。它们按照一定的结构动态地相互结合在一起,依据整体目标的要求进行组合。通过对系统理论的运用,细致地系统分析管理对象,从而使现代科学管理的优化目标得以实现,这就是系统原理。

根据系统原理,可以总结出体育管理的管理原则。将这些原则应用于体育管理,可以促进体育管理工作的顺利完成。

(1)"整—分—合"原则。具体来说,就是对整体工作进行详细的了解,并在此基础上分解整体,使之由多个基本要素组成,然而对每个要素进行明确的分工,规范每项工作,进行责任制的建立,然后进行科学的组织综合,最终提高管理功效。

(2)相对封闭原则。管理系统具有系统各要素之间的关系、相关系统外部之间的关系两大基本关系。系统内的管理手段、措施构成一个连续的封闭回路,进而构成完整的管理,形成有效的管理运动。

(3)优化组合原则。对体育教学系统各要素的组合(组织、目标、人才、环境的优化组合)要科学,只有这样,才能提高教学管理系统整体的效益。

2.人本原理

人本原理是指一切管理活动均应以调动人的积极性、做好人的工作为根本,要求管理者在管理活动中做到以人为本。

人是管理活动的核心和主体,在体育教学管理系统中,要以人为本,重视对人的工作态度的观察,对人的工作动力、工作能力的挖掘,根据人的能力水平安排工作,从物质、精神、信息等方面为工作人员提供动力支持,使人性得到最完善的发展,以促进体育管理活动的顺利开展。

3.效益原理

体育教学管理要想实现管理效益的最大化,就必须在对各个环节、工作进行管理时,都以提高效益为中心,科学、节省、有效地使用有限的人力、财力、物力、智力和时间、信息等资源,这就是效益原理。

从本质上讲,管理的根本目的就是效益。因此,体育教学管理也要重视社会经济效益的实现,确定管理活动的效益观。要从不同的主体和不同的角度去评估管理效益,并在管理过程中及时协调影响管理效益的各因素的关系,促进最佳效益的实现。

4.动态原理

动态原理是指系统管理目标的实现受人、财、物、时间、信息等因素的影响,再加上管理对象的变化,系统的计划、组织、控制、协调等各个环节必须相应地进行变化,对管理对象的变化进行动态的适应,从而保证管理目标的实现。

在体育教学中,动态原理要求管理者在管理中要给予下级一定的权力,保证管理的弹性,并及时采取应对措施,保证管理活动的正常进行。此外,还要重视管理过程中反馈信息的收集与控制,通过信息的反馈,控制未来的行进速度,并最终实现管理目标。

二、体育教学管理的特点与要素

(一)体育教学管理的特点

1.阶段性

学生的年龄特点以及体育教学的年度教学特征,这些因素对体育教学管理具有重要的意义。在管理过程中,应根据不同的教学阶段开展相应的阶段性体育教学管理工作。因此,现代体育教学管理,阶段性是其鲜明的特点。虽然体育教学管理具有一定的阶段性特点,但是各个阶段之间还具有一定的连续性特点,管理工作循序渐进,逐步提高。

2.教育性

体育教学是我国教育系统的重要组成部分,对于学生体质健康水平的改善和学生素质的提高均具有重要的作用。因此,体育教学管理也呈现出一定的教育性特点。在体育教学管理过程中,应坚持"以人为本"的原则,促进学生各方面的发展和提高。

现代体育教育是教育的一个重要组成部分,因此现代体育管理也必然离不开一定的教育性。我国体育教育教学的总体目标是"以人为本"。因此,现代体育管理也应突出"育人"的特点,在育人的基础上调动管理者的积极性、主动性,从而为现代体育管理效益的不断提高创造条件。

3.系统性

体育教育管理系统在运行过程中会面临多方面的问题,分析和解决相应的问题是促进体育管理系统获得发展的重要推动力。在现代体育教学管理过程中,应坚持系统性原则,从管理工作的整体进行把握和控制,进行科学、合理的宏观调控,使系统的各方面都能够良性发展,从而形成一个强有力的整合系统。具体而言,学校体育教学管理包括人、物、信息、时间四个方面,对学校体育教学的管理也是在这四个维度上开展的。在体育管理过程中,应灵活协调这四个方面的关系。

4.方向性

体育教学管理应具有一定的方向性,科学的理论作为开展工作的指导思想贯穿管理过程的始终。具体而言,就是要在体育教学管理过程中,坚持马克思列宁主义、毛泽东思想、邓小平理论、"三个代表"重要思想、科学发展观、习近平新时代中国特色社会主义思想作为指导思想,全面贯彻和执行党的教育方针,为实现学校教育的总目标服务,这也是现代体育管理方向性的体现。

(二)体育教学管理的要素

体育教学是一项涉及多方面的复杂活动,为了更好地对管理工作开展研究,有关学者对其基本要素进行了如下三个方面的划分。

1.体育教学管理的对象

体育管理的对象为各种管理活动的承受者,但是它不仅仅是人,还包括财、物、时间、信息等各方面的因素。在体育教学管理中,管理对象所指的人主要是基层学校体育工作的操作者;对财产的管理则主要是指对体育教学经费的管理,保证体育教学经费能够合理使用,并创造一定的经济效益;对物的管理则主要是对体育教学过程中使用的场地、器材设备进行的管理,科学合理地使用这些设备,尽可能提高其使用效率;对时间的管理则是对体育教学的时间和进度进行科学、合理安排,提高单位时间内的办事效率;对信息的管理则主要是管理体育教学过程中的各方面信息,如学生的各项生理指标、运动成绩等。通过对这些信息进行有效整合、存储来提高体育教学工作的效率。

2. 体育教学管理的主体

体育教学管理的主体一般为管理活动中承担相应的管理职能的人或组织,即为学校体育教学管理机构。具体来说,体育管理主体即体育管理者或学校体育管理机构。体育管理者主要包括基层组织管理者和中上层领导者,他们在管理活动中处于主导地位,负责制订计划、组织实施和指导检查等各项工作。管理者根据相应的管理办法来构建相应的管理机构,对教学过程实施科学的管理活动。体育管理机构中管理者的个体素质以及由这些管理者组合起来所形成的集体素质结构,对体育的发展起着十分重要的作用。

3. 体育教学管理的手段

体育教学管理的手段是指管理者为实现体育教学管理的目标所采取的方法和措施。体育管理手段是体育管理活动赖以进行的条件和方式,主要包括宣传教育手段、行政手段、法规手段、经济手段等。

一般而言,人是体育教学管理中的核心要素,体育管理的目标、计划、决策方案等的制定和实施都需要人的参与。因此,人是体育教学管理的核心,对体育教学管理目标的实现有着重要的影响,应通过多种手段,提高人的积极性和主动性。

第二节 高校体育教学管理的目标整合

一、目标体系

高校体育教学目标体系,可以简单地分成一个个具体的目标,更方便理解。在实施这些具体目标的过程中,既不能采用分解的办法,也不能采用对号入座的办法。而应该将目标实施与学生的实际情况结合起来,根据教师自身的教学经验,更好地实现教学目标。

对高校体育教学目标进行整合,有利于更好地理解体育课程目标。经过整合后的体育课程目标不仅要联系实际情况,还要体现出不同学校的不同特征,要体现出高校的个性化特征。课程目标的综合性与整体性要与个性化综合起来,这样的课程目标更有利于转换为切实可行的学习目标。

二、理论依据

理论依据决定了课程的走向,采用什么样的理论对进一步推进教育改革具有重要意义。一直以来,我们国家的教育都推崇泰勒的目标模式,将目标放在重要的位置,以目标主导课程。

因此,我国的体育课程目标也是按照这种模式来制定的。经过这么多年的实践,我们也应该看到这种模式的优势与劣势了。那么,这样的模式真的适合我们吗?或者说这是唯一的模式吗?在任何课程阶段都应目标先行、过程随后吗?准确来说,不是。这种模式并不适用于所有的课程阶段。

泰勒的目标导向模式有着明显的优点,那就是目标明确且细化,容易实施,也很容易评估。同时,泰勒的目标导向模式也具有明显的缺点。如整体的目标都由专家与学者制定,并不是经过大量的实践总结出来的,缺少来自实践的反馈,很难体现出客观真实性。这种模式是经过大量的细化得出来的,然后采用对号入座的方式对其进行引导实施的。这个过程过于单一,也没有目标之间的整合,不利于实现目标的整体性。

三、价值标准

课程研究的过程模式是斯腾豪斯基于对泰勒的理论的批判提出的。在他的著作中,他曾经对泰勒的理论进行了明确的分析与批判。同时,也指出了泰勒理论的优点与贡献。过程模式理论的框架正是在这一基础上建立起来的。

课程研究的过程模式认为活动内容需要自身含有价值,即要根据内容来确定活动的价值,而不是提前预设目标。进行课程内容开发的过程模式是课程要素的内在价值,课程内容需要根据课程要素的自身价值来确定。

根据这样的模式所提供的价值标准,我们可以发现,通过内容分析了解课程的价值与目标,这样的实施方式在单个的体育课程教学中效果更好。例如除了变量之外,其他所有的条件都相同,如果其中一项体育活动要求学生探究活动的过程,那么这项体育活动就比其他的活动更具有意义与价值。或者说,在其他所有条件都相同的情况下,如果一项体育活动允许学生充当主要角色,那么这项活动就比其他的体育活动更具价值。

四、过程模式

过程模式就是通过教育活动的内容来确定内在价值,从侧面来说,就是培养学生自主探索活动的能力。这样的模式将学生设定为学习过程的参与者,而不是被动的接受者。过程模式的功能就是不断挖掘学生的潜力,尊重学生的个性,培养学生的创造能力。与目标模式有很大的区别,人文性特征更加明显,这样更加符合当今的教育理念,与当今的教育模式也更契合。当然,这种模式也并不是十全十美的。例如不容易形成合理的体系化目标,在实施的过程中也有一定的困难,评估起来具有一定难度。

不同的立场有着不同的考量,国家在制定体育课程指导纲要的时候,需要考量国家的整体情况;高校的体育教师在进行课程开发的时候,需要考虑到学生的实际情况,以国家的体育课程指导大纲为基础,选择最为合适的教学内容与方法。除此之外,还要考虑目标的可实现性,根据实现情况与指导纲要做出适当的调整。这样,课程目标与过程就有机地结合在了一起。

综上所述,课程开发的目标模式与过程模式各有利弊。具体落实到现实中,应该根据实际情况对其加以分析与使用,并结合这两种模式的优势,构建新的课程开发模式,整合高校体育教学管理目标。

第三节　高校体育教学管理的发展思路

一、高校体育教学管理的课程发展思路

（一）与高校总体改革进程同步

体育课程改革需要配套实施,需要与高校总体改革的发展同步,这是历史的经验。同步有两种不同的状态:第一种是高校总体改革为体育课程改革创造了条件,要求体育课程必须改革;第二种是把体育课程作为龙头,以促进高校全面改革。

以体育课程改革为龙头,促进学校全面改革。通过体育课程改革,"内拓潜能、外展形象",带动全校进行整体改革。此外,体育有其自身的特征,它可以成为推进整体改革的动力。这种作用表现为体育课程改革可以扩大社会影响（成果的外显性）、推进全面改革（影响的延伸性）、树立学校风范（学生身心发展的渗透性）、开拓体育市场（教学质量和经营水平同步推进）。

（二）与体育社会化进程同步

高校体育课程改革与体育社会化是同步的,具体表现为高校体育设施对外开放,社会上的体育设施也面向高校开放。这与当前社会体育区域化建设的发展方向是一致的。

这种同步还表现在基础教育阶段体育发展和高校体育发展的贯通上,这和当前高水平运动队完成小学、中学、高校"一条龙"训练的发展动态是相适应的。当高校体育网络进一步和社会体育网络贯通以后,信息渠道更为畅通,体育社会化的步伐加快了。

(三)与产业开发进程同步

体育课程改革与产业开发相结合,是很多高校进行改革的一种选择。很多高校的地理位置优越,或者经济条件优越,因此可以将高校的体育课程改革与产业开发相结合。

对内进行体育课程改革、对外进行产业开发是可以同步进行的。对内教育是一种无偿性服务,对外的产业开发就是有偿服务,这两者也是可以并行的。因此,体育课程改革与产业开发同步推进是并行不悖的。

通过对多种不同的高校体育教学管理发展模式进行构思,我们可以看出其都是为了促进高校体育课程改革,使体育发展具有社会功能。在整体的体育管理体制改革中,高校体育的优势更加凸显。

当我们国家的体育相关部门实行简政放权之后,社会体育的功能就会越来越强。高校应该抓住机会,加强自己的体育建设,成为体育发展建设的中坚力量。高校体育事业的发展空间会越来越广阔,不仅仅体现在高校自身的体育改革中,还体现在对高水平运动员的培养及体育咨询过程中。

就目前高校的发展方向来看,很多高校开始大量引进体育方面的人才,提升体育领域人才的专业性与学术性。在不断变化与改革之中,高校体育的科研力量将会主导体育的发展。

二、高校体育教学管理的教学发展思路

(一)体育教学管理的原则

通过大量的体育教学实践发现,思想方面的问题,如果只是依靠简单的训斥或者是惩罚来解决问题,那么是无法根除的。应该奖惩并行,再结合适当的讨论法、自我批评等方法进一步解决问题。在进行知识讲解与技能传授的过程中,应该注意方式方法。如果受教育者一直处于被动的状态,接收的效果并不会十分理想,稍微走神就会影响知识的接收效果。可以适当采用小组讨论、亲身体验、做游戏等方式来讲授知识,吸引学生的注意力。如果学生有自己的想法,应该尊重他们的想法,如果方法合适

的话可以予以采用,这样教学效果会更好。

随着时代的发展进步,体育教育的方式也正在发生着变化,体育教学管理的基本原则也会随之改变。体育教学管理的主体应该不断地去探索与实践,调整体育教学管理的基本原则,不断适应新的体育教育发展趋势。体育教学管理改革教育方法主要有以下五个基本原则。

1. 以人为本的原则

在体育教学中遵循以人为本原则就是尊重学生主体地位,理解他们,从关心学生的角度出发,采用平等的态度与学生进行交流。以情感教育学生,以理服人。而不能一味地灌输知识,忽视学生的主体性,这样的教育是无法得到学生的认同的,也是无法培养全面发展的学生的。

2. 以情动人的原则

以情动人的这项原则要求尊重体育教育主体,通过真实的情感去解决问题,更好地打开受教育者的内心,让受教育者体会到管理者的真心,感受到管理者是为自己好。而不是通过简单粗暴的方式来直接解决问题,使人感觉不舒服。

3. 有的放矢的原则

思想问题的产生与学生的学习环境、成长背景等息息相关。现实中的问题得不到解决,思想教育工作就很容易变成一句空话,落实不到实际行动中。在教育工作中,要想将教育工作与实际工作很好地融合在一起,就需要对引起学生思想问题的原因加以甄别,这样的解决方式才是最好的,也很好地体现了有的放矢的原则。

4. 言传身教的原则

在教授学生之前,教师应该事先规范自己的行为,只有自己做到了,才可以对学生发挥榜样示范的作用,这样才会有信服力。教师自己都做不到的事情,又如何去要求学生?教师以身作则,这样在进行教育工作时也会比较容易。

5. 表扬与批评相结合的原则

表扬与批评是不同的激励方式,学生的思想观念还不够成熟,需要教师引导。在体育教学管理中,批评与表扬应该并举,该表扬的时候一定要及时表扬,该批评的时候也不能忽视,将两者结合在一起有时候会有意想不到的收获。

(二)体育教学方法改革

体育教育需要通过一定的方式来实现,体育教育的基本方式是管理的主体根据现行的课程标准对受教育者进行教育,体育教学管理教育方法主要有以下六种基本形式。

1.说服教育的方法

说服教育注重以理服人,通过阐述事实、分析利弊、启发引导,使受教育者心甘情愿地接受教育或者改变自己原有的观念,进一步引导实践行为。

说服教育的方式是多样的,可以通过语言进行讲解,也可以通过动作示范来展示技术的标准。选择说服教育的教育者一定要注重自身情感的表达,以理服人,言传身教,使受教育者心悦诚服。

2.奖惩教育的方法

在体育管理活动中,有奖励也会有惩罚。奖励是一种肯定,惩罚则是一种告诫与激励。在学生做得好的时候就应该予以表扬,在学生做得不好的时候就应该予以批评,分清对错对于受教育者来说也十分重要。不管是奖励还是惩罚都应建立在教育的基础上,一旦超越一定的范围,就会失去原来的意义。奖惩应该注重方式方法,尊重事实、公正合理才是最好的方式。

3.榜样教育的方法

榜样教育法作为一种最常见的体育教育方法,通过引导受教育者学习优秀的行为或者思想,使受教育者的心理与行为开始趋近榜样,慢慢地模仿,最后内化为自己的一种行为。这样的教育方式更容易被受教育者接受,因为榜样具有生动的形象,可以更好地理解。通过榜样教育法,可以规范受教育者的行为方式,使其成为更好的人。学习的过程也是受教育者思考的过程,通过思考可以更好地明确向榜样学习的内容与方式。

4.自我教育的方法

自我教育作为一种自我提升的教育方式,是建立在学生自己已经形成的思想观念的基础上,根据自己的实际情况提出一定的奋斗目标,自己监督自己实现这些目标,根据自己的完成情况与实践结果评判自己的过程。这种教育方式是在不断的社会实践中培养起来的,是外来教育与自我教育的一种产物。总结自己的得与失,不断提升自己的思想境界与实践能力。

5.相互教育的方法

相互教育的方法有利于培养团队意识,通过团队来认识个人是非常有意义的。团队意识会自觉地将个人的言行与团队联系在一起,将团队的利益放在重要的位置上,将个人的利益自觉地与集体利益融合在一起,通过彼此之间的相互了解与相互教育来提升自身的素质。

6.批评与自我批评教育的方法

在体育竞赛失利的情况下,批评与自我批评的教育方法相对有效。可以更好地分析自己的优势与劣势,提升自己的思想觉悟。批评不是一种惩罚手段,只是一种希望可以看到自己的不足与错误,改正自己的缺点与错误的方式。管理者与教育者应该弄清事实、实事求是,帮助受教育者看到自己的错误,提出解决的办法,启发他们去改正自己的错误。自我批评是在正确认识自我的基础上,对自己的不当之处进行改正,告诫自己不再出现类似的错误。批评与自我批评都是更好地认识自己的方式。

(三)实施课外体育教学俱乐部模式

课外体育教学俱乐部模式可以整合教学资源,激发学生的学习兴趣,对实现学生自主化体育运动也有着重要的意义。课外体育教学俱乐部模式的出现与应用,有利于促进体育教学的发展。只是将理论知识转换为现实的行动需要一定的努力,并不简单。从我国高校的体育教学现状来讲,实施课外体育教学俱乐部模式的具体实施细节还有待完善。

1.课外体育教学俱乐部的特征

体育教学俱乐部就是指以体育教学资源为主导,为学生提供更多的自由空间与主动学习的氛围,帮助学生进行体育运动的组织。与一般意义上的俱乐部不同,体育教学俱乐部是建立在教学目的基础上的,有明确的教育目的。

(1)以教学为主导

课外体育教学俱乐部与一般娱乐休闲性质的俱乐部不同,它以教学为主要目的,建立在体育教学的基础上。体育教学俱乐部的建立初衷就是促进体育教学,扩展体育教学环境。

(2)以自主学习为主要途径

课外体育教学俱乐部之所以区别于体育课堂,是因为这种教育方式比课堂教学要轻松。这种教学方式不提倡硬性安排,也不提倡教师主导课堂,倡导学生自由地进行训练项目的安排,倡导自由自在,不需要学生承担过大的学习压力,提倡自主学习的方式。

(3)体育教学资源的支持

课外体育教学俱乐部有体育教学资源的支持,可以更好地帮助学生自主学习。课外体育教学俱乐部更类似于图书馆,学生可以根据自己的兴趣爱好与需求选择适合自己的教育资源。教育资源包括教学设备、师资力量等,这些教育资源充分体现了教育的完整性。获得体育教学资源的支持,是实现教育俱乐部化的重要条件。

(4)教学效率的最大化

创建体育教学俱乐部是为了给学生提供更好的体育教育,也是为了实现体育教学效率最大化的目标。想要提升体育教学的效率,实现更高的体育教学目标,就需要整合体育教学资源,将教育经验与教学技巧融合在一起,实现教育效率的最大化。

综上所述,创建课外体育教学俱乐部是为了整合现有的教育资源,为学生提供优质的教育环境。

2.课外体育教学俱乐部的实施方案

课外体育教学俱乐部的实施方案,需要考虑课外体育教学俱乐部的具体特征,也需要符合时代的要求,更需要结合自身的实际情况。在设计课外体育教学俱乐部的实施方案的时候,还需要考虑以下几方面的内容。

(1)设定俱乐部方案的原则

一定要认清俱乐部的性质,不能将俱乐部与其他学习机构混淆。俱乐部的主要目的是培养学生对体育的学习兴趣,激发学生对体育学习的积极性与主动性。作为一种新型的教育方式,这一模式还是很值得深思的。俱乐部的具体规范与建设制度,应该避免传统的课堂教育的弊端,将更多的注意力放在营造教育氛围上。将对相关教学资源的保护与传承作为建设俱乐部过程中一项重点研究的课题,避免出现不必要的资源浪费。

我国各大高校的体育教学资源是不一样的,存在一定的差距。体育教育俱乐部的创建,一定要考虑到各个高校的实际情况,应该立足实际、实事求是。要合理规避风险,避免不必要的资源浪费,节约成本。尽量利用现有的体育教学资源进行设计与应用,降低风险。

目前,高校建立体育教学俱乐部的体制并不成熟,很多细则方面的内容还没有完善,对于俱乐部的运行状况也不是十分了解,更不确定会得到怎样的教学成果。如果只用教学成果来衡量俱乐部的建设成果,显然是不合理的。不建议俱乐部将学生的学习成果作为重点考查内容,俱乐部的整体运行模式并不是很成熟,如果俱乐部也过分强调学生的学习成果,就会与当时的建立初衷相背离,还会引起学生的反感。

(2)俱乐部的教学方法设计

总体来说,我国高校主要的体育教学方法还是停留在传统的教学方法上,对学生的吸引力并不大。体育教育俱乐部的创建就是要改变这一现象,在教学方式上做出适当的改变与创新,为学生营造更加轻松、愉快的教学氛围。

传统的体育项目并不缺乏趣味性,只是在教学的过程中,教师没有注重方式方法,很容易使课堂变得枯燥无趣。在体育教育俱乐部模式中,需要对整体的教学目标、课程内容、教学方式进行灵活调整,并不需要严格按照教学大纲来执行,要有一定的灵活性,这样可以更好地激发学生学习的主动性。课堂变得有意思了,学生的学习兴趣也就提升了。

在体育教学俱乐部中,轻松、愉悦、有娱乐氛围的教学环境能激发学生的学习兴趣。这样的教学方式并不倡导由教师作为主导来引导学生的思维走向。教师应尝试更多的课堂教学方式,加强师生之间的交流与沟通,鼓励学生大胆尝试、敢于质疑、不断体验。

体育教学俱乐部作为一个并不完善的试点工程,需要提前做出可行性方案,对于项目的建设要有明确的规划。对建立俱乐部的结果评定与相关细则的修订也很重要,与总结体育教学成果相结合,改善其不足之处,不但要改进可行性方案,还要优化方案的设计。这对于体育教学俱乐部的后期建设同样具有重要意义。

俱乐部中的课程安排是在不断尝试中进行的,可行性方案也在不断优化,只有将理论与教学实践经验结合在一起,才可以确保每一次教学尝试都能取得成果。

(3)俱乐部的组织架构

一般来讲,体育课堂时间应为50分钟左右,俱乐部的课时设置也应该参考体育课堂时间。体育教学俱乐部每周应该安排三个左右的课时,课时安排不应该过于松散,也不应该过于紧凑。

为了吸引更多的学生参与俱乐部的项目,俱乐部需要为学生提供更多的选择,设计出更多的体育活动,做到有新意、有心意。可以结合当今社会中一些盛行的体育项目来设计体育活动,以吸引更多的学生参与,激发学生的学习兴趣,进一步实现高校体育教学的目标。体育教学俱乐部是一种尝试的途径,并不是传统意义上的课程安排,应该与传统的体育课程教学有一定的区别,防止过于死板。体育教学俱乐部是一种灵活的教学方式,不应该被不必要的条件束缚住。

体育教学俱乐部还应该做好人员规划,不能无限制地扩充人数,导致教学局面无法控制。一方面要控制俱乐部中的教师人数,另一方面要控制好俱乐部学生的人数。这两者的人员数量应该有严格的控制标准。如果俱乐部的课程设置比较符合学生的兴趣,上课的人很多的话,应该增加教师数量;如果学生很少的话,应该减少教师的数量,甚至是取消这门课程。一般来说,学生人数维持在 20～40 人的范围就可以了,超过这个范围或者低于这个范围,都不是很理想。这样可以确保学生人数在合理的范围之内,属于可控范围。

三、高校体育教学管理的制度发展思路

(一)监控体育教学质量

高校应该严格按照教学质量评估的要求,全面监控体育教学的质量。对体育教学活动来说,应该严格执行教学计划、教学大纲、教学任务以及教学进度和课程表,明确体育教师的责任,从而确保教学活动的规范、有序实施;明确教学资料归档要求,并为课程配置课程教学包。

第一,完善传统教学质量监控体系。通过听课和评课教学监控制度的实施,保证体育课堂教学的授课质量。教师通过学生的课堂反馈,进一步了解体育课堂教学的实际效果,根据学生的学习情况及时对教学方案进行调整。

第二,利用先进技术手段强化课堂教学质量监控。启用课堂监控视频的功能,相关人员可以根据权限对课堂教学进行全方位的监督、观摩和研讨等。

(二)建立课程反馈机制

建立多层次、全方位的课程教学监督反馈机制。首先,实施校院两级监督评估制度,建立二级教学监督委员会,特别是聘请具有丰富教学经验的教师组建教学督导委员会,负责监督和指导体育教学;还要建立日常的教学检查体系,及时反馈考试成绩和教师及相关领导反映的问题,以促进体育教学质量的提高。

其次,实施学生评教和学生信息员制度,并在每个学期教学结束之后进行学生评教。高校应该向教师及时反馈学生的评教情况,积极鼓励教师对教学方法进行改进,以促进教学质量的提高。学生信息员则不定期将学生对教师教学情况的意见反馈给教师,帮助体育教师及时发现和解决教学过程中可能存在的问题。

(三)配备专职管理人员

应配备专职管理人员,处理体育教学教务日常工作。体育教学管理人员应以"一切为了学生成才,一切为了教师发展"为基本指导方针,树立"为教学服务、为教师服务、为学生服务"的理念,从被动管理走向主动服务;树立新的观念,研究未来社会对人才的需求趋势、人才培养现状与社会需求之间的差距,以及与其他高校相比较的优势和不足,为体育课程改革提供支持。在管理的过程中,体育教学专职管理人员应该充分发挥自身的专业优势,可以通过使用教务管理系统、课程教学平台等信息化手段提高管理的效率和水平。

第四节 高校体育教学质量管理体系的构建

一、现代体育教学质量管理体系构建的具体要求

(一)构建现代体育教学质量评估体系

作为学校内部体育教学质量的监控体系,以及为体育教学质量提供重要保证的重要环节,进行教师教学质量评估是学校教学的主要管理部门经常采用的对教学质量进行管理的主要方式。学校的基本任务就是教书育人,而促进教育质量不断提高也是其中永远不变的主题。其中,教学质量的提高是促进教育质量不断提高的重中之重,也是现代教育进入大众化阶段所产生的社会共识。为了促进现代教学质量的不断提高,相关教育主管部门制定并推行了相应的教学评估制度,同时地方教育部门也将《学校体育工作条例》这一评估制度进行了很好的贯彻和执行。以上这两个评估制度现已成为促进我国体育教学质量不断提高的关键举措。在现代学校教学中,长久以来都是根据对人才进行培养的定位与目标,来尝试建立起一个自我约束、自我完善的监控体系和内部教学质量保证机制。在对体育教学质量进行管理方面,对体育教师教学质量进行评估已成为学校教学相关管理部门主要、经常采用的方式。

(二)构建质量管理反馈系统

在质量管理方面,信息是其中最为主要的依据。为了确保学校质量管理体系的正常运行,需要构建一个内外信息沟通的反馈系统。例如组建"教学督导员队伍""教学信息员队伍",同时借助问卷调查、学生座谈会、网上信箱、网上评教等途径反馈信息,对教学与管理方面的信息进行收集与反馈;此外,在固定的时间还要在教育质量评估和监控例会上对有关教师、学生、专家的质量信息进行汇总,从而促进体育教学工作质量不断提高。只有这样才能对教师上课的质量和学生的各种需求进行及时、便利、高效的了解和掌握。

(三)设定质量管理目标体系

同其他学科相比,体育学科具有一定的特殊性,并且每个学校的体育教学发展实际情况存在较大差距,公共体育的发展普遍相对缓慢。这就要求各学校要通过分析具体实际情况来制定质量目标。所制定的质量目标的内容要包括体育服务质量的全部内容,每一项内容都应规定具体的标准,其中包括定量和定性的标准。所制定的质量目标要符合实际,切实可行。

二、体育教学质量管理体系建构的程序

(一)对体育教学质量监控体系进行总体策划和设计

对教学质量进行监控的体系,是指为了更好地保障体育教学质量,在教学过程中采取的一系列的教学管理机制和教学质量监控机制。在这些机制的正常运作下,教师能更好地巩固和提高体育教学质量。体育教学质量管理体系的主要内容包括教学质量监控与管理的激励、竞争、创新、约束机制,教学质量评价、教学质量监控的组织体系,教学的基本条件、教学管理的规章制度,教学环境的建设等诸多结构。

对于体育教学质量来说,一个完整的质量管理体系主要包括以下三个方面。

(1)负责对体育教学过程质量进行监控的体育相关部门在内部所进

行的自我评价及相关监控系统的研究。

(2)教育部以及省教育厅有关的权威专业评估机构。

(3)以结果评价为主的包括大众传播媒体在内的民间评估机构。

(二)编制体育教学质量管理文件和实施、运行质量管理体系

体育程序文件、作业文件以及质量手册三级文件的建立,促使学校体育教育管理模式更加制度化,进一步明确各个工作岗位的主要职责、权限以及岗位之间的相互关系,从而更好地确定各项工作的程序。在工作过程中,由于各个工作有着各自不同的内容,每个人应根据程序文件以及作业文件的详细要求来做,不能单单依靠多年的工作经验来进行协调和管理。只有这样才能使学校各项工作中的每一个环节和管理层面的准确性和高效性得到有效保障,从而更好地避免工作的随意性。只有这样才会使更多感性的东西逐渐上升到更为理性的层面,以保证各项工作都能做到"有法可依"。在对体育教学质量管理体系进行调试运行阶段,自查是不可缺少的一个环节。自查能使体育教学质量管理体系得以正常而有效的运转。

(三)对质量管理体系进行持续改进

学校体育所追求的目标,是通过对质量管理体系进行调整、保持和完善,从而形成一个能够让学生满意,并且能够持续发展的质量管理体系。在对学校体育质量管理体系进行贯彻实施的过程中,学校的各级管理者需对该体系进行关注并持续改进,针对现行的质量管理体系运行情况采用系统的方法进行分析与评价,取其精华,去其糟粕;并确定需要改进的目标,从多个渠道、多种途径找出最有效的解决问题的方法,从而实现这些目标。

第五章 高校体育课程管理

第一节 高校体育课程管理概述

一、学校体育课程管理的概念

学校体育课程是指学校提供给学生的,且在一定程度上对学生有规定的,或能由学生自己选择的体育学科课程与活动课程内容的时限、进程、锻炼方式,还有学生在不同的阶段所要达到的体育的基本素质和能力、体质健康标准的总体规划和设计。学校体育课程在整个学校教育中占据重要的地位,它是体育教育的核心,其发展情况直接反映出体育教育的质量和水平。

课程管理是对课程采取的经营措施,要将课程管理和学校管理及教育管理进行区别。学校管理是教育管理的一部分,而课程管理则是学校管理的一部分,且是十分重要的核心部分。课程管理包括的基本内容有:

(1)课程标准部分,如课程计划、教学大纲。

(2)课程编制部分,如校历的制定、课程表的制定。

(3)课程实施部分,如研究教材、编写教案、课堂讲授。

(4)课程实施条件部分,如教材、教具、设施、设备。

(5)课程评价部分,如测验、评定、考查等。

学校体育课程管理是在学校体育课程教学的前提下,在一定的管理目标与指导思想的指导下,建立起的系统的、科学的管理体制。它是依照体育教学管理中出现的很多因素,来寻找影响教学效果的主要因素,以量化的方式制定出可互相交叉的、互相制约的、分层次的管理机制。它最终让日常体育教学走向科学化的轨道,实现提高教学质量和教学水平的最终目的,进而促进体育课程的建设和发展,使学生德、智、体、美、劳全面发展。它是提高体育课程教学质量、以适应现代学校培养合格人才的需要与实现体育教育目标的重要环节。

二、高校体育课程管理的基本原则

要搞好高校体育课程的管理工作,必须按照课程活动和管理活动的规律办事。为此,高校的体育教研部在具体的课程管理活动中应遵循以下三个原则。

(一)以学生发展为基本原则

体育课程在本质上是为学生的发展服务的。因此,对体育课程的管理不能将手段目的化。要想使每一位学生都能全面而主动地发展,高校体育课程管理就要时刻把学生的发展放在首位,最大限度地满足学生发展的需要。

(二)自主性原则

高校体育课程管理是学校课程管理体系中的一个重要组成部分。体育教研部要有主人翁的责任感,依照课程管理中的权责分配,积极地组织实施国家体育课程有关教学的指导纲要,自主地进行学校体育课程的整体开发,实现权力与职责的统一。

(三)针对性原则

体育课程是学校实施素质教育的有机整体,但是体育课程与其他课程相比,有着不同的目标与价值。因此,高校体育课程的管理要根据自身的特点,在课程管理上提出不同的要求,确保体育课程的优化实施。

三、高校体育课程管理体系的构建

(一)高校体育课程管理体系构建的理念

1. 创新是发展高校体育课程管理体系构建的灵魂

创新与发展之间存在着密不可分的联系,在高校体育课程管理体系的构建过程中,创新已经成为其发展的内在动力,也是高校体育课程管理体系发展的灵魂所在。从创新角度讲,高校体育课程管理体系的构建过程主要有创新思想理念、创新课程管理机制、创新课程设置、创新课程融合等方面。这些是推动高校体育课程管理体系形成的根本,是高校体育科学规范管理与实施的必然条件。从发展的角度讲,高校体育课程管理体系的构建过程应满足时代发展的需要、满足人才发展的需求。

2.发展可以推动高校体育课程管理体系结构的创新

一切事物的形成过程都是在不断发展的过程中得以完成的,而在此过程中必定有创新之处与之相互融合,这符合事物发展的一般规律。在高校体育课程管理体系构建中以发展为中心,带动高校体育课程管理体系构建实现逐步创新,进而使得创新元素与高校体育课程管理体系发展之间产生必然的联系。因此,相互推动共同促进也是时代赋予高校体育发展的新使命和新任务。体育课程管理体系结构的不断优化,使得发展过程中不断有创新元素被挖掘的同时,将创新元素进行实践运用,进而形成了一种良性循环的发展过程。

(二)高校体育课程管理的主要内容

从高校体育课程活动的规律来看,高校体育课程管理的主要内容如下所示。

(1)体育课程计划管理。主要包括对课程设置、安排和课时规定方面做出的规划、决策和统筹安排等。

(2)体育课程标准管理。主要包括对国家体育课程教学指导纲要及有关标准的解读,确定本校体育教育的培养目标和学生综合素质的发展目标,以及确定具体的体育教学目标等。

(3)体育课程编制管理。主要包括对实施的课程学年编制,制订教学计划并确定相应的学分、学时,编制教学日历和课时表等。

(4)体育课程实施管理。主要包括对教学用书、教学参考资料、影像资料和多媒体教材的筛选和编写,各门课程教师的配备、教学活动的组织、教学常规工作的制定和检查,以及校内体育课外活动的组织和指导等。

(5)体育课程条件管理。主要包括对教学设施、设备及教学图书资料的配备、添置、保管、维修和更新,各种管理制度的建立、健全和执行、检查等。

(6)体育课程评价管理。主要包括对国家体育课程教学指导纲要标准,以及体育教学大纲的实施评价、教材开发与使用的评价、教学评价、学生评价以及对教学管理的评价等。

(三)高校体育课程管理体系的基本框架

高校体育课程管理体系框架的构建,是基于学校对课程管理的内容和任务而定的,并通过建立科学、有效的运用机制,充分发挥相应的职能作用,进而保证管理目标的达成。

由于体育课程与学校行政管理和教学管理有着密切的联系,因此,对体育课程管理的组织设计有两种思路:一种是在原有的体制中,增加或加强有关课程管理的职能;另一种是建立专门的课程管理机构。从当前各高校体育部内部机构设置的现状来看,课程管理的机构设置宜采取"虚""实"结合的策略,即建立课程评议委员会,强化有关课程管理的职能,并进行经常性的检查。

(1)课程评议委员会的主要职能是评议体育课程的教学大纲、培养目标、课程改革、课程标准;监督课程的实施;审查课程质量;保证体系和评价的结果。

(2)设置专门的课程管理办公室(小组),以保证体育教研部履行课程管理的权力和职能。课程管理办公室(小组)的主要职能是计划、执行、检查、评估体育各门课程及各教研室的课程教学工作;组织校内课程的开发、制定各种课程目标、筛选与编写相关教材、开展课程评价活动;组织协调各教研室的各项工作的关系,落实各项课程管理措施。

(3)成立课程评价组。课程评价既是课程建设的重要环节,也是课程管理的重要手段。一般来说,课程评价包括教师评价、学生评价、教学评价、教材评价和课程实施情况评价等活动。课程评价已成为课程管理中的常规工作,为此,体育教研部有必要建立相应的评价组。评价组由教师代表、学生代表及有关管理人员组成。评价组依据有关评价制度开展活动,周期性地对课程执行的情况、课程中的问题进行分析评估,为调整课程内容、改进教学管理服务。

(四)高校体育课程管理体系的构建

由于高校体育课程涉及的面广、量大,管理活动十分复杂。因此,体育部需要建立一个科学而有效的课程管理有机体系,该体系主要由以下六个子系统组成。

1. 高校体育课程的决策系统

高校体育课程的决策系统主要指体育部教学委员会在部主任的领导下,根据学校课程有关课程管理的政策和要求,分析学校体育发展的状况,并结合本校的实际,决定体育的培养目标,确定体育课程的设置,制定课程标准,审查重大的课程管理活动,为学校课程管理的重大决策提供咨询意见,为体育课程建设出谋划策。制定相应的管理制度,主要包括课程审议制度、教学管理制度、课程评价制度、教师教育制度、课程管理岗位职责及激励制度等。

2. 高校体育课程的开发系统

高校体育课程的开发系统主要是针对课程开发的。课程开发是以国家体育课程教学指导纲要为依据,以学校为基础的。教师是课程开发的主体,同时,也需要学生的广泛参与。为了使课程的建设发展得更好,应以广大教师为主体,并根据课程改革的目标和要求,结合本校的培养目标和课程资源状况,了解学生多样化发展的需求,开发出具有本校特色的体育课程。

3. 高校体育课程的实施系统

高校体育课程的实施系统主要由课程管理办公室、教研室等共同组成,通常是在部主任的指挥下,由课程管理办公室统筹安排,并组织各教研室分工实施。课程管理办公室贯彻学校的政策,在授权范围内对日常的教学活动进行组织、协调、控制。教研室在具体实施活动中,根据整体安排,制订好学年及学期教学进度计划、教学研究活动计划和学生活动计划;对教师的教学活动进行指导,确保完成体育课程管理的各项要求;及时反映课程实施过程中出现的问题及教师的教学需求;研究学生的实际情况,为课程管理提供依据;优化、整合课程目标,充分而有效地利用学校的资源(时间、空间、人力、财力),以便取得最优化的教学成果。

4.高校体育课程信息的收集系统

高校体育课程信息的收集系统主要由指定的"信息员"组成,由课程管理办公室具体负责,与日常的教学管理活动结合起来进行,为课程评价提供客观的信息。"信息员"可以根据需要在教师和学生中指定,主要任务是收集来自各方面的课程与教学活动的客观信息,并及时反馈到管理办公室和评价组,以便做出有效的反馈控制和正确的评价。

5.高校体育课程的条件保障系统

体育课程管理要有必需的设备与经费上的支持,课程实施离不开设备、经费等必要的条件,课程的有效实施必须最大限度地发挥设备、经费、教学资料等硬件的作用。因此,一方面,合理配置各种教学设备,为体育课程的实施提供必要的物质保障;另一方面,体育部要从体育课程管理的实际需要出发,对课程活动的各个环节,制定出科学而又切实可行的管理制度和操作规程,使课程管理的各项工作和运作方式做到有章可循。需要强调的是,管理人员的素质直接影响课程管理体系的运行。体育部应加强管理人员的业务培训并提高其管理能力,以此来确保课程管理系统的有效运作。

6.高校体育课程的评价系统

高校体育课程的评价系统主要由一些教学经验丰富、责任心强的教师构成。体育部要根据课程管理目标确立评价准则,采用多种评价方式,对课程实施定期的评价。课程评价以教师为主,主要任务是根据课程管理计划,对课程活动的输入、过程和结果进行定期的诊断和评价,找出与目标之间的差距,对决策和实施过程进行修改与校正,使课程系统最大限度地接近课程目标。

四、高校体育课程管理体系改革的新要求

(一)高校体育课程设置的科学性

高校体育课程设置是高校体育课程结构改革的重要体现形式。从发展的角度讲,在高校体育课程管理体系改革的过程中,课程设置应具备高度的科学性,从而体现高校体育发展的前瞻性。这是随着时代发展脚步的不断加快对高校体育课程管理体系改革提出的新要求,也是为体育课程发展带来的巨大挑战。高校体育课程设置的科学性主要体现在课程结构的合理安排上,从而使得高校体育活动的开展能够达到循序渐进的教学目标,为学生形成良好的体育心态奠定坚实的基础。高校体育课程设置既是高校体育课程结构改革的重要组成因素,也是改革思想的进一步体现。以学生整体发展为根本出发点,有针对性地安排课程结构,提高广大高校学生的整体能力,使得高校学生参与体育教学活动的积极性不断提高,进而对其思想意识不断引导,从而为高校体育课程管理体系的创新发展打下坚实的基础,并对推动高校体育事业的进步起到积极作用。

(二)课程管理机制构建合理性

管理机制的形成是课程体系改革与构建的保障性因素,因此,应将其放在首要位置。高校体育课程管理机制主要包括课程监督、课程评价、课程实施三个方面,这是新时期我国高校体育课程管理机制构建"合理性"的充分体现,同时对于高校体育课程管理体系的构建过程具有一定的指导监督作用,并将其课程体系构建的"科学性"逐步发挥出来。课程监督是高校体育课程结构科学构建的关键,通过监督过程对课程设置有效评估,将学生参与的情况充分体现出来。而课程评价是课程管理机制有效改革的重要参考对象,也是促进高校体育课程管理体系发展的根本条件。准确的课程评价过程使得课程设置存在的具体问题能够体现出来,也是课程设置进行不断完善的主要动力。课程实施则是高校课程管理机制构

建的具体过程,也是对课程资源有效利用的关键所在,充分反映出高校体育课程管理体系改革中存在的优势与不足,对其进一步的完善具有积极的推动作用。

(三)从高校实际出发设置科学的课程比例

高校体育课程管理体系的构建过程需结合高校不同的实际情况展开相应的探索,从发展的根本角度出发对课程体系的构建不断完善并加以创新。其中,课程设置的比例就成为至关重要的因素,对高校体育教学改革具有深远的影响。高校体育课程主要分为三大类,包括国家课程、地方课程、校本课程。国家课程就是高校体育的必修课程,在教学体系构建过程中占有较大比重;地方课程则是高校体育选修课程的根本;校本课程是结合高校体育特点进行的相关体育课程的融合。这三类体育课程构成了高校体育课程管理体系的主体部分。国家课程是课程体系构建的重点,地方课程与校本课程的有效安排则是课程体系构建的关键部分。结合地域特色以及高校体育发展优势展开科学的课程设置比例,从而实现新时期高校体育课程改革的目标,对高校学生基本能力以及身体素质进行充分的培养,使得学生自身的体育意识逐渐发生转变。

五、新时期高校体育课程管理体系结构改革与构建的新方向

(一)重视高校体育理论教学过程,加强对学生理论知识的传输

理论教学既是高校体育课程开展的基础,也是进行具体实施的关键部分。高校体育课程管理体系结构改革的根本在于对高校传统体育的开展形式进行创新,将理论教学与实践教学完美结合,从而拓展高校学生体育知识领域,进而实现体育认识程度的提高。理论知识传输过程是新时期高校体育整体发展的必要环节,对于高校学生而言,理论知识的传输过程是对体育运动了解的初步过程,对高校学生内心思想的转变具有积极的促进作用。这与传统高校体育课程开展的方式具有一定的"差异性",

传统高校体育活动的开展是在实践中灌输基本理论知识,而新时期高校体育教学活动的开展与其相反,将理论知识的传输过程作为激发学生兴趣的主要手段,使得高校学生能够通过理论联系到课程实际中,为学生体育意识的形成奠定坚实的理论基础。

(二)将"拓展课程"与"休闲体育课程"融入高校体育课程体系

结构时代的发展标志在于理念的创新发展,而高校体育课程管理体系结构的改革应与时代发展的步伐相一致,将时代创新课程与课程管理体系结构相融合,对高校体育发展方向以及发展思路进行不断的拓宽。"拓展课程"与"休闲体育课程"既是时代进步的产物,也是对传统高校体育课程发展理念的一种颠覆,使得高校大众体育逐渐向休闲娱乐体育方向延伸。"拓展课程"主要包括体育户外拓展训练、野外拓展活动等;而"休闲体育课程"主要包括健身运动、时尚娱乐运动等。而"拓展课程"与"休闲体育课程"都具有一定的相同点,其目的都是转变高校学生对传统体育的认识,将身心发展作为高校体育课程的主要目标。在课程体系构建中将高校"拓展课程"与"休闲体育课程"有效融合,可以使传统高校体育发生质的转变和飞跃,将高校体育课程发展层面提到新的高度。

(三)结合高校体育特色发展,注重校本课程的积极开发

"校本课程"的根本定义在于对高校自身发展特色的总结,从而将其形成一种固定的课程模式有效地开展。高校体育课程管理体系结构改革的发展方向趋于校本课程的有效开发与完善,结合高校自身的体育特色进行相关课程研究,充分挖掘长久性课程资源并加以利用和总结,进而形成具有高校发展特色的体育校本课程。在此过程中,高校体育各方面教学资源的有效整合以及研究过程就成为高校体育课程发展的重中之重,其"软件"师资与"硬件"实施不断深入开发,从而对高校体育校本课程的形成与发展奠定坚实的基础。新时期高校体育课程管理体系结构改革的重点在于创新。重视校本课程的开发是课程体系构建创新性的完美体现,也是对高校体育特色进行传承与发展的具体实施过程。随着时代的发展,高校体育课程管理体系结构的改革与发展面临着新的挑战,因此,

高校应将传统体育课程管理体系的精华不断发扬并创新。

第二节　高校体育课程管理的现状及措施

一、高校体育课程管理改革中存在的问题

(一)体育教师课程理念差异

虽然高校体育课程确立了"健康第一"思想的课程理念,但体育教师思想中的理念并没有统一到"健康第一"思想上来,结果造成实践中的体育课程与指导思想存在偏差。高校体育教师在指导思想上存在认识的差异性和多样性特点,认同"终身体育"和"健康第一"现代教育思想的人数较多,认同"体质教育""提高技术"思想的也大有人在,表现出一定的分歧,反映出一定程度的混乱现象。高校体育教师作为体育课程的具体执行者,这样的认识必然会影响课程改革的方向和成效。其实,体育教师目前所反映出来的课程理念都有其历史渊源,都有其积极的意义,只是从不同角度提出了课程改革的要求,但作为整体观的课程指导思想却又显得顾此失彼,缺乏整体性。

(二)片面强调学生的主体地位

体育课程要强调学生主体性的发挥,重视学生体育兴趣的培养。但目前高校体育课程实践中出现了片面强调学生主体地位的现象,一方面,是各学校为了满足学生需要而盲目扩大教学内容,在没有对所开设的教学内容进行实效评估的情况下和不考虑自身的师资、场地设施条件的情况下,就盲目攀比、简单效仿增加教学项目的数量。这样不仅会造成有些项目不被学生喜爱,而且由于教师水平达不到要求、场地设施不完善、运动项目自身特点吸引不了学生等,使体育教学质量下降,学生达不到锻炼的效果。另一方面,教师在体育教学中过于以学生为中心,由过去片面地强调体能与技能转向完全强调学生的兴趣与个性的发展,造成技术教学和身体素质练习的内容和时间大大减少,出现了玩得多、学得少,追求乐

趣多、实际效果少的局面,甚至有的课堂出现了"放羊式"教学。这些现象出现的主要原因在于教师对学生主体性的片面理解。发挥学生的主体性绝不等于"放羊式"教学,在发挥学生主体性的同时更要注重教师主导性的作用,只有这样才能使课堂教学"严而不死,活而不乱"。

(三)教学方法滞后

教学方法是为实现教学目标和提高教学质量服务的,它包括教师的教法和学生的学法。然而,受竞技体育思想的影响,目前,高校体育教师对教学方法存在着片面的理解,把教学方法等同于教师的教法,忽视学生的学法,结果造成教学中仍然以运动技能传授法和体能锻炼法为主体的局面,教师怎么教,学生就怎么学。此外,体育教学方法还不能很好地体现因材施教的教育原则,大多数学校在体育课中还是用一种方法面对全体学生,忽视学生身体素质的差异和接受体育教育的背景,造成先进生得不到优教,后进生得不到补教的问题,长此以往,学生会对体育学习失去兴趣,影响他们参与的积极性。

(四)学生课外体育活动机制尚未确立

众所周知,学生体质的增强、高校体育目标的实现只靠每周90分钟的体育课显然是无法办到的。因而,新课程从大课程的角度出发,特别强调要加强对学生课外体育活动的组织与管理。而高校课外体育活动的现实反映出目前大学生课外体育的参与率较低,每周能够坚持锻炼3次以上的学生很少。这样的结果与大学生对体育的较明确认识(大部分学生认为体育对促进健康有重要作用)两者间产生了较大矛盾。产生该矛盾的原因在于高校课外体育活动大多无人指导,学生大多以个人的形式参与体育活动,随机性强、效果较差;学生自发组建的体育俱乐部或体育社团较为松散,缺乏专业化的指导,不能很好地发挥其作用;高校课外体育"精英化"现象严重,多数学校都以竞赛来代替群体活动的开展,结果只有几个精英学生在运动场上表演,大多数学生只能成为看客,不能参与其中;体育部门组织的各种课余培训班急功近利思想严重,只顾经济利益不顾培训的内容、方法、手段的研究与改进,导致学生参加后收获甚微,并造成学生不良的心理反应,影响他们今后参与体育活动的积极性,更有损体育教师在学生心目中的形象。

二、高校体育课程管理改革的现状与价值分析

(一)改革现状

随着科教兴国理念在人们心中日益成熟,教育改革已成为社会关注的焦点,教育国际化已成为不可阻挡的潮流;在我国,高等教育大众化的步子迈得越来越快。这些都对高校教育改革提出了更高、更新的要求。而体育作为高等教育的组成部分,多年来,高校体育课程改革也如火如荼地进行着,并取得了以下成果。

1.课程设置日趋合理,内容呈多样化

随着体育课程改革的不断发展,不少高校由原来单一的一、二年级的必修课,增加了三、四年级和研究生体育的选修课,课程类型由单一性向多样性转变,如基础课、专项课、训练课、康复保健课、理论课等。有许多高校还根据实际情况开设俱乐部授课。另外,课程内容也更加多样化,即按照健身性与文化性、选择性与实效性、科学性与可接受性、民族性与世界性相结合的原则确定体育课程内容。各高校课程内容呈现出百花齐放、千姿百态的局面。

2.课程目标向显性化、多元化发展

体育教学目标是整个体育教学的出发点和归宿,它对于教学内容的选择、教学过程的组织、教学策略的选择和运用等方面起着指导和统率作用。对学生而言,体育教学目标能激发学生达到学习目标的欲望,调动学生的积极性和主动性。然而,传统的体育教学目标却没有发挥其应有的作用。在体育教学中,教师对教学目标缺乏应有的认识,通常例行公事,流于形式。而新课程根据"健康第一"的指导思想,适应社会需求和学校、学生实际,构建了三个维度、五个领域的多元课程目标体系,将课程目标分为基本目标和发展目标两类,再将两类目标各细分为五个子目标,使之条理化,让人一目了然,使课程目标由原来隐性化、单一化向显性化、多元

化发展。

3.课程评价理性化、科学化

学习评价是促进课程目标实现和课程建设的重要手段。学习评价不单是对结果的评价,也是对学习过程的综合评价,而这种新的评价方式,既注重终结性评价,也注重过程性评价,体现了刚柔相济的评价原则。学生对教师的教学进行评价,既突出全面性,不局限于课堂教学评价,也将教师的业务素养纳入其中。课程建设评价体现多元性和综合性的特点,包括课程结构体系、课程内容、课程管理、教学资源及课程目标的达成程度等,使课程评价更加理性、客观、公正。

4.课程结构呈开放式特点

各高校课程结构呈现的开放式特点,打破了闭关自守、僵化的课程结构,使课堂教学不再局限于课内、校内,而是将课程触角伸向课外、校外体育活动之中,形成课内外、校内外有机结合的新的课程结构体系。

5.教学中学生的主体地位更加受到重视

素质教育强调弘扬学生的主体性,提倡师生间的平等,注重学生发展的全体性。因此,教师在教学活动中,坚持"以人为本"的教学理念;在课程教学中,学生由过去被动接受知识的客体变成了主动汲取知识的主体;"三自主"使学生能自主选择上课内容、任课教师、上课时间,学生变得更加生动活泼。在积极倡导开放式、探究式教学中,教师由过去的教练型变成了导师型,其主导作用得到了加强。"主导作用"与"主体地位"的关系进一步融洽协调,教与学相得益彰,教学效果不断提高。

(二)价值分析

尽管高校体育课程结构与课程模式正在走向多样化,不少学校的体育课程已经呈现出各自的特色,学生的个性与能力得到发展,教师的专长和创造精神得以发挥,但由于长期形成的传统,高校课程设置仍主要以运动知识、技能的传授为主要目标和内容,相对忽视了通过体育知识、技能的学习去领悟体育运动的精神。要想进一步完善高校体育课程的结构,就必须在分析高校体育课程价值的基础上,采取符合高校体育课程精神的对策。

在传统的体育课程目标中,专业学科技能的学习一直是体育课程的核心,其主要内容是运动技能学习和身体锻炼、素质达标。从专业学科技能训练出发,体育课程价值取向就要给予学生体育知识、技术、技能以及体育方法和终身体育能力的形成等方面合理的组合,这是由体育教学目标决定的。体育课程教学、动作技术及其保健知识,作为文化实体构成了体育学科内容的实体部分。运动在生活中的意义在作为知识和技能的同时,也应该作为人类对其价值的认同并用各种形式传递给学生。体育课程的内容应与不同学习阶段的学生的需要相适应,体现出结构的层次性,因而需要体育教师在丰富的运动文化中甄别、遴选、合理组合,按照体育教学目标去确定体育课程内容结构。体育课程内容结构要有利于学生形成合理的认知结构、技术技能结构、能力结构和体育方法结构。

但是,如果从体育运动的价值角度分析会发现,体育运动的目的和精神在于让每个人根据自己的身体条件和兴趣,自觉自愿地进行身体锻炼,达到身心健康的目的,同时让学生领悟到终身受益的体育运动精神。那么,体育课程的价值就在于从个体发展出发,在体育课程教学、课外体育运动及组织的各类比赛中,培养大学生对体育运动的热爱和对体育精神的追求,从而营造一种力量、活泼、健美、协作和充满尊重的校园文化氛围,使之成为大学校园生活的有机组成部分。具体到每个学生个体来说,体育课程的设置与实施就要根据个体发展的内在逻辑,即身心发展的顺序性、阶段性、互补性、差异性等特点,根据学生个体存在的需要,实现从"为了社会"到"为了人"的体育课程观的转换。体育是一种注重个体生命体验和直观的感性活动,学生在体育运动过程中体验乐趣、挑战、激情、超越,感受人与人、人与自然、人与社会的和谐与竞争、失败与成功、成长与衰败。因此,在体育课程的实施中,关键是要创造和谐的教育环境,在师生互动过程中展示力量、速度、耐力、柔韧、灵敏等运动素质所创造出的身体美,从而实现人从外在身体满足到内在心理满足的教育目的。

现阶段,大学体育课程指导思想的变化,体现的正是体育课程价值取向的转变;提出由过去的学校体育以增强体质为主向以"健康第一"为指导思想的转变。这里的健康是指身体健康、心理健康和社会适应的三维健康观;提出由"学科中心论"向"人本主义教育理念"的转移。而以人为本的体育教育理念,从根本上说就是个体的体育;提出学生由被动学习向主动学习的转化,学生的主体作用得到发挥。

三、高校体育课程管理改革的对策与措施

（一）整合课程理念

现代健康观是强调"身""心"协调发展的观念。因此,高校必须正确认识和理解"健康第一"的课程指导思想,用"健康第一"的思想来整合当前高校体育教师思想观念上的分歧。体育教师所反映出的课程理念,只是片面地强调了某一方面,因此作为整体观的课程指导思想就显得顾此失彼。教师在课程的实施过程中一定要体现学生的主体地位,强调学生参与运动的积极性和注重学生的心理过程,但决不能忽视运动技能的学习,因为体育离开了运动技能就会成为无源之水、无本之木;也决不能重走技术、技能第一的老路,必须增强学生的参与意识和切实提高学生的身心健康水平,要避免"推倒重来"的做法。

观念是行动的先导。体育教学观念对体育教学起着指导和统率作用。转变体育教学观念就是要转变对教学的已有看法和思想,它是我们矫正问题的认识基础。教师的一只脚虽已踏入了现代体育教学的行列,但另一只脚仍陷在传统的体育教学观念之中,因此必须转变传统的体育教学观。首先,要把主管教育部门的领导、学校的领导和教师进行自上而下的教育思想的转变,把重智轻体真正落实到德智体美劳全面发展上来。其次,体育必须面向全体学生,确定和尊重学生的主体地位,只有发挥学生的主观能动性,促使学生在教师的指导下主动地、富有个性地学习,才能通过教师的导学、导练,促进学生的自学、自练,培养学生的实践交往与合作、创新精神;才能使体育素质教育真正收到实效。再次,要从知识技能本位向个体发展转变。传统的体育教学过于强调竞技运动知识和技能

的正规化、统一化,把原本生动的、活泼的、充满乐趣的体育教学活动陷于固定的、狭窄的技能教学中,忽视了学生的情绪生活和体验;另外,还把体育教学和育人割裂开来,忽视了对学生的价值引导和人格养成。因此,体育教学要通过体育知识和技能的传授,最大限度地发挥教材的教育功能以促进学生身心的全面发展。最后,要从重实践向理论与实践并重的方向转变。传统的体育教学就是教技术,带学生运动,传统的体育教学基本上是在实践中完成的,相对而言,理论教学就显得不足。甚至有些学校根本没有安排理论教学,有些学校虽然安排了理论教学的学时,但在实践中没有落实。所以体育教学必须注重理论与实践知识的传授,进而提高学生的理论与实践能力。

(二)拓展课程内容

高校体育课程内容要体现健身、娱乐、文化和社会的特点,在内容设置方面要减少与中学重复的、技术要求过高的、健身使用价值低的竞技类项目,要积极拓展群众性、趣味性强的运动项目,做到传统与时尚、技能与休闲相结合;把具有时代性、实用性、多样化和生活化特点的教学内容用来满足学生的需要。在扩大教学内容和赋予学生更多选择自由的同时,保证学生身体素质的提高,尤其是在那些运动负荷较小的项目教学中一定要为学生安排充足的身体素质练习时间,既激发学生的学习兴趣又保证他们体质的增强,进而提高体育课程的实效性。

优化高校体育课程结构是高校体育教学改革的当务之急,在教学改革中,有关高校应按照国家有关法规文件,紧扣课程目标,根据学生和学校实际,对学校体育课程结构和体系进行完善与优化。例如有一些高校试行选修课与俱乐部相结合的新的课程教学模式,达到较理想的教学效果,符合学生身心发展规律和社会发展的需要。体育课程教学内容的改革是当代高校实施素质教育的突破口。高校在修订教学内容时要以强身、育人为目标,力求课程内容贴近学生未来的职业生活,适应社会发展的需要。首先,应考虑对学生身心、个性发展的影响,要淡化竞技。其次,应考虑气候、场地、设施对学生学习的影响,因时、因地制宜,增加实用的健身体育、民族传统体育、现代生活体育、娱乐休闲体育和乡土体育等体现兴趣性和实用性的课程内容。最后,应更新和充实体育理论教学内容,增加体育人文社会学、体育养生保健学等体育文化、体育素养方面的知识,还可增加一些有针对性、趣味性的运动处方课程内容,以提高课程教学的实用性。

(三)加强课外体育组织与管理

基于目前高校课外体育活动开展的现状,高校体育必须加强对学生课外体育活动的组织与管理;各类学校要以开展多样的课外体育活动来吸引学生参加;体育部门要以扶持学生体育俱乐部和体育社团的发展为突破口,派专业人员加以指导与管理,提高体育俱乐部和体育社团组织的专业化水平,并在俱乐部或社团内部开展竞赛活动,提高学生普遍参与率,消除精英体育的现象,使每一位爱好体育的学生都能参与其中。对于如何提高高年级学生课外体育活动积极性的问题,目前,有的高校采取了在课外体育中实行学分制管理的手段,用课外体育规定的学分,以强制性的手段要求所有学生参加体育锻炼,以此来促使学生尤其是高年级学生参加体育锻炼,使大学四年体育锻炼不断线。这种做法与教育部提出的"青春健康计划"中要求的"以半强制性手段来要求广大青少年参与体育锻炼"的做法相一致,所以这种把课外体育活动以一定比例计入体育课成绩或者规定课外体育学分的做法值得借鉴。

(四)提高体育教师综合素质

教师是课程的具体实施者,各类学校要根据课程的需要加强对体育教师的培训工作。因为知识在不断更新,许多新开设项目需要更加专业的师资队伍,各类学校要通过多种渠道、多种途径达到实施培养计划的目的。在普遍提高体育教师教学、科研能力的同时,要重点培养中青年体育教师,为他们创造条件,鼓励他们去完成更高层次的学习。体育部门要采取走出去和请进来的方法,一方面,在校内定期举办各种教学、科研学术活动,开展教学比赛提高教师的教学水平;另一方面,还要不定期地聘请体育专业的专家、学者来学校为教师做前沿的学术报告,以此不断传递新的高校体育教育理念。

　　由于教学要求不断提高,教材难度也相应提高,如果教师不更新知识,不提高业务水平和教学能力,就不能适应教学改革的要求。为此,应采取多种形式提高教师的业务素质,既可根据教师的实际情况,有目的、有计划地选派一部分教师到体育学院短期进修,也可组织教师在职学习进修,还可报考上级学校继续深造等,以加强队伍建设,提高体育教师的整体业务水平。学校可根据国家有关规定制定达标标准,促进教师多学习一些理论技术、实际操作的本领,对教师自身的成长和适应教学需要大有裨益。

第六章　高校体育教学主体与资源管理

第一节　体育教师与学生管理

一、体育教师的管理

(一)体育教师规划管理

1. 教师规划的目标

建设一支坚持正确的政治方向、数量适度、结构合理的教师队伍是体育教师规划的目标，具体表现如下：

(1)坚持正确的政治方向

我国社会主义教育事业要求体育教师坚持正确的政治方向，要热爱祖国，热爱人民，坚持四项基本原则，全面贯彻党的教育方针，积极学习马克思列宁主义、毛泽东思想、邓小平理论、"三个代表"重要思想、科学发展观和习近平新时代中国特色社会主义思想，对教育事业忠诚。

(2)数量适度

数量适度指的是学校体育教师的数量要按照学校发展的规模来配备，要按照教育部对高校体育课程的开设要求来设置，要满足体育教学的需要。

(3)结构合理

结构合理要求体育教师队伍在性别、年龄、学历、专业、技能等方面保持合理的状态，可以满足学生多方面的体育需求。

2. 教师规划的内容

(1)制订体育教师编制计划

高校体育教师的编制数量要适当，如果体育教师编制少了，就难以按

时完成体育教学工作;如果体育教师编制多了,可能会导致工作效率降低。科学制订体育教师编制计划主要有以下三个依据:

①教育部颁发的《高等学校体育工作基本标准》是科学制订体育教师编制计划的首要依据。

②体育教师与在校学生的比例以及学校的体育教学工作量是制订体育教师编制计划的重要依据。

③体育教师所承担的体育课教学、课外体育活动及校内外体育竞赛等工作也是制订体育教师编制计划的主要依据。

(2)制订体育课时工作计划

科学制订体育课时工作计划在体育教学工作中有着非常重要的作用。一方面,制订体育课时工作计划可以让每位体育教师合理安排全年的体育工作;另一方面,制订体育课时工作计划使得体育教师在被安排工作任务时具有公平性。科学制订体育课时工作计划的依据主要有以下两点:

①全日制在校学生或继续教育学生的必修体育课、选修体育课。

②课外体育活动指导、课余体育训练工作及校内外体育比赛。

(3)制订体育教师培训计划

制订体育教师培训计划包括制订短期培训计划和制订攻读学位计划。制订体育教师培训计划是提高体育教学工作质量的重要举措,它的必要性主要体现在以下三个方面:

①它是满足我国不同学校教育层次对体育教师学历达标的要求,也是完成学校学科建设的需要。因此,鼓励中青年体育教师继续攻读学位是十分必要的。

②它是促进学校体育教学改革发展的要求。为了满足体育教学课程建设的需要,尤其是满足不同兴趣爱好的学生对不同体育项目的需要,选拔推荐部分体育教师进行专业培训也是非常必要的。

③它是促进学校体育竞赛水平提高的要求。体育竞赛工作要求体育教师有较强的专业素质与能力。因此,安排体育教师参加专业培训或出

国深造可以实现这一要求。

(4)制订体育学术交流计划

提高体育教师的科研水平和综合素质的主要途径就是积极主动地参加体育学术交流活动。体育教师管理者可以根据学校制订的体育学术交流计划有关规定,合理支出经费,安排体育教师参加学术交流活动。

(二)体育教师选拔管理

体育教师的选拔是管理体育教师的初始环节。体育教师选拔的质量直接影响体育教学的管理工作,因此体育教师的选拔要慎重,需要坚持以下两个原则。

1.广泛选拔原则

体育教师的选拔要不断开辟新的渠道,广泛选拔体育教师。不管是本校还是外校,不管是本地还是外地,只要符合体育教师的选拔标准都应予以考虑。只有这样,来自不同地方、不同学校、不同学科背景的教师才能相互学习,取长补短,进而优化体育教师的队伍。

2.德才兼备原则

鉴于体育教师的劳动特点,在选拔体育教师时,必须遵守德才兼备的原则。"德"主要是指体育教师的思想政治、道德品质;"才"主要是指体育教师的业务技术水平,选拔体育教师时要注重德与才相统一,不可偏颇。

(三)体育教师聘任管理

教师聘任是指聘请教师完成一定的教学工作。教师聘任有利于增强教师的责任心和进取心,有利于全面了解体育教师,有利于教师队伍的合理流动。对体育教师的聘任要遵循以下三点原则。

1.按岗聘任原则

体育教师聘任的有关制度要求聘任时要从以往的以人为中心转变为以事为中心,从注重个体发展转变为注重整体结构与功能的优化。目前,我国高校体育教师的聘任还未做到这一点,高校中普遍存在岗位设置不明确、职责不分明、因人设置岗位等问题。这些问题使体育教师对岗位的选择定向化,没有灵活的选择空间。要想解决这些问题就要按岗招聘,合理设置教师的岗位,明确体育教师的岗位职责。体育教师在被聘任后要强化岗位意识,明确自己的职责,努力提高自己的业务水平。

2. 职能相称原则

在高校体育教学中,体育教师因学历、经历、阅历等个人情况不同而存在能力、性格、行为等方面的差异,不同的体育教师具有不同的专业特长与兴趣爱好。职能相称原则就是要求实行教师职称评聘,使教师各尽其职,各自发挥自己的特长,最大限度地实现自己的价值,充分发挥自己岗位的作用。

3. 职称评定原则

职称评定原则就是要在分析体育教学现状及发展趋势的基础上合理设岗,根据体育教学目标逐步优化职称比例,逐步调整,使体育教师都能享有符合自身素质水平的职称,发挥自己最大的作用。评定体育教师职称的主要方法是分批、分级、分类评定法,评定结果要经过各级有关部门的批准,不得擅自随意评定。

(四)体育教师培训管理

体育教师培训的目的是提高体育教师的综合素质水平。体育教师要不断更新教学观念,深入钻研体育课程改革,通过参加不同形式的培训不断提高体育教学能力,提高体育科研水平,改善体育教学成果,充分发挥自身的主导作用,更好地培养体育人才。下面主要介绍体育教师的培训机构及培训形式。

1. 培训机构

体育教师的培训机构主要有以下四类。

(1)体育学院

体育学院通过全日制成人、函授等教育形式,开设本科班、专科班、短期培训班、进修班等,这是培训体育教师的主要途径。

(2)教师进修学校

教师进修学校通过开设短期培训班、单科体育知识和技能培训班、证书班等形式来提高教师的教学能力和水平。

(3)自学考试机构

教育部以及各省、自治区、直辖市的自学考试指导委员会开设高等和中等师范自学考试工作。

(4)单位体育部门

体育系(部)及教研室安排集体备课、观摩教学、教学研究课、经验交流会等各种培训活动,有计划地组织体育教师进行科学调查、教学法研究、体育学术探讨。

2.培训形式

体育教师培训形式主要有在职培训和岗位培训两种。

(1)在职培训

在职培训是指体育教师在原本的职务岗位上参加培训的形式,通常采用的培训方式是业余时间自学、指定专人培训或在电视大学、函授学校等进行脱产与半脱产的学习。

(2)岗位培训

岗位培训是指按照体育岗位工作的需要和岗位人员的素质要求,对体育教师进行的一种有目的、有组织的培训活动。岗位培训的目的是使体育教师获得本岗位工作所要求的基本知识和技能。

(五)体育教师考核与评价管理

1.考核管理

为了规范体育教师的考核工作,需要建立健全体育教师的岗位责任制度、教师工作量制度以及体育教师考核奖惩制度。对体育教师的考核需要遵循如下原则。

(1)实事求是的原则

体育教师的教学工作受主观因素(体育教师)与客观因素(教学环境、教学目标)的共同影响。因此,在体育教师的考核工作中要从实际出发,实事求是,公平公正地考核。

(2)发展的原则

体育教师的思想品德、意志品质、业务水平都是不断变化发展的。因此,体育教师管理者要坚持以发展的原则来考核体育教师。

(3)全面性与侧重点相结合的原则

体育教师考核的指标要全面,既要看硬指标,也要看软指标。硬指标包括教师的工作量、科研成果等;软指标包括教师的科研成果水平、教学效果等。在全面考核中也要注意侧重点,依据具体的考核目标选择具体的指标进行重点考核。

体育教师考核的方法主要有个人总结、上级考核、单项评定、年度综合考核、组织考核、定性和定量考核等。这些考核方法可以单项进行,也可以结合使用。

2.评价管理

体育教师评价就是体育教师管理者依据管理目标与一定的价值标准,对体育教师的工作质量水平进行客观的评判、评估和鉴定。对体育教师的评价主要是在系统的信息收集和定性与定量的分析基础上进行的,评价结果可以作为职称评定的有力依据。体育教师的评价指标及评价方法包括以下内容。

(1)评价指标

评价指标是评价体育教师工作质量的依据,在选择具体的评价指标时要遵循如下原则。

①科学评价与可行性评价相结合。体育教师评价指标是在满足体育教学工作需要的基础上,围绕体育教学目的和任务建立的。建立完整的体育教师评价指标体系要注重各项评价指标的科学性,同时要求这些指标能够反映学校体育教师工作的内容与职责。由于体育教师评价的内容繁多,因此,在筛选评价指标时要特别注意指标的可行性。

②导向评价与激励评价相结合。体育教师的评价指标准确与否,对评价的科学性及可信度有重要的影响。因此,确立科学的评价指标是评价体育教师工作质量水平的首要工作,评价指标确立后就会用来引导评价工作的方向、方法等。同时,要特别注意正确发挥评价作用,排定名次、划分等级不是评价工作的唯一目标,关键是要通过评价,让体育教师发现自身的不足,激励其不断完善自我。

(2)评价方法

①自我评价。自我评价是指体育教师依据一定的评价标准,如实地对自己的工作质量水平做出评价。自我评价的最大缺陷就是教师对自己的评价结果往往高于他人对自己的评价结果,因此,自我评价需要与他人评价相结合才更客观与准确。

②领导评价与同行评价。领导评价就是指学校领导定期对体育教师的工作质量做出评价。领导评价往往较为严格,评价结果比自我评价的准确性高。同行评价是指教研室或教学组的体育教师对除自己以外的各个体育教师做出评价。因为同组体育教师对每个体育教师的工作情况的了解较为全面,所以,同行评价的准确性也较高。

③学生评价。体育教学中,体育教师接触最多、互动最多的群体就是学生,学生对体育教师的评价往往比较直观,且说服力很强。但是学生评价的弊端也很突出,因为学生往往会依据自己有限的知识水平、理解能力以及个人喜好对教师做出评价,所以主观性很强。

(六)体育教师的管理方法

体育教学中,体育教师的管理方法主要有法律法规管理法、行政管理法、思想政治教育管理法及约束与激励管理法四种。加强和落实各职责部门的管理工作,完善体育教师管理的有关规定,是对体育教师进行有效管理的主要手段,下面对体育教师管理的方法做具体分析。

1. 法律法规管理法

法律法规管理法具有普遍性、规范性和强制性等特点,法律法规在它适用的范围内具有普遍约束力。相关法律法规中对体育教师的有关条款规定,是用法律法规管理体育教师的主要依据。依法管理体育教师,可以保障体育教师的合法权益,也能约束并规范体育教师的言行举止。

2. 行政管理法

行政管理法具有权威性、指令性、针对性和自上而下等特点,因为行政管理组织从事某项事务的管理是受国家和人民(或学校)委派的。充分发挥相关行政组织的管理职能,能使高校体育教师的管理工作经常处于有组织的保障之中,也可以用行政规定保障体育教师的合法权益,同时约束其教学行为。

3.思想政治教育管理法

思想政治教育管理法具有多样性、说理性、表率性、灵活性和引导性等特点,因此思想政治教育管理法能使体育教师正确认识自己行为的对错,并激发体育教师的自觉性和积极性,同时思想政治教育管理法能够顺利地贯彻和推行管理制度与办法,并充分体现思想政治教育管理的积极意义。

4.约束法与激励管理法

约束可以规范体育教师的思想行为,激励可以激发体育教师积极向上。体育教师要想高质量地完成教学工作,就必须自觉遵守相关教师及体育教师的行为规范,并接受学校制定的激励措施,只有这样才可以提高自身教学水平。

(1)约束法

约束法是在学校统一的规章制度下,为了圆满地完成体育教学工作,而规范体育教师教学行为的方法。体育教师的基本素质和教学水平可以在服从学校的约束情况中得到部分体现。高校对体育教师的约束内容与方法具体如下:

①上下课时间的约束。高校体育教师必须具备遵守上课时间,按规定时间上课下课的基本素质。体育教师的教学任务之一就是对学生进行组织纪律的教育。教师对学生进行组织纪律教育时,需要教育学生做到按时上下课;而这个教育的前提是体育教师应优先做到按时上下课,只有这样才能对学生起到表率作用。体育教师要充分利用体育课堂教学的有限时间,珍惜课堂每一分钟,使学生在有限的时间内多学知识、多锻炼。检查教师的上课秩序是对体育教师进行约束的有效方法,为了起到更好的约束作用,管理者还应把上课秩序的检查结果作为体育教师教学质量评价的要素之一。

②穿着的约束。通常,体育实践课对学生的穿着有严格的要求,以便

学生安全并有效地完成教学任务。体育教师的穿着也要符合规定。体育教师上体育实践课的基本着装要求是穿运动服。穿运动服有利于体育教师树立干练的正面形象,为学生起到模范作用,促使学生积极参加体育运动练习,完成课堂任务。同时,穿运动服也是体育教师在讲解示范时展现规范技术动作的要求。管理者定期或不定期地检查教师的上课穿着是约束体育教师着装的主要方法,还应把检查结果作为体育教师教学质量评价的要素之一。

③言行的约束。体育教师在课堂上的言谈举止,是教师职业的文化修养、专业水准和以人为本精神的具体体现,因此教师要严格规范自己的言行举止,做到不讲粗话、脏话,不体罚学生。

体育教师是体育运动的指挥家与鼓励家,要掌握一定的语言与行为技巧来指挥和调动学生完成各种练习。绝对的权威、高超的技艺和丰富的语言是体育教师的必备能力,关心爱护学生的教育理念也是体育教师必须拥有的。体育教师要做好在课堂中可能出现异常情况的思想准备和解决问题的准备,用平常心来对待学生的异常情况,切忌过激言行。

体育课堂上,往往会发生学生不积极练习的情况,其中的原因主要有:学生已经掌握了课堂教学内容不需要再练习;学生不理解教师的意图;学生可能存在逆反心理。当发生这种情况时,教师要及时了解学生不积极练习的原因,采取有针对性的方法来解决这一问题。体育教师可以对不积极练习的学生采用耐心讲解、激励督促的方法,也可以恰当执行课堂纪律。

听课和收集反馈意见是约束教师言行的主要方法,并把听课学生的评分结果作为体育教师教学质量评价的要素之一。

(2)激励管理法

在对体育教师进行管理时,激励管理法可以激励体育教师不断地提高自己的综合素质。如果没有有效的激励管理法,体育教师就会降低对体育教育事业的热情,影响教学积极性,体育教学质量也难以提高与取得进步。

物质激励法是在体育教师管理中运用的主要激励方法,除此之外还有环境激励法、制度激励法,运用多种不同的激励方法不仅可以满足体育教师的物质、安全及归属的需要,还可以满足体育教师的自尊和自我实现的需要。

对体育教师的激励要综合运用物质、环境、制度三种激励方法,通常以一种激励方法为主,其他激励方法为辅,以何种方法为主要的激励方法主要由体育教师一定时期内的主导需要来决定。因此,主要的激励方法不可一成不变,要随着体育教师一定时期内的主导需要的变化而做调整。下面对三种具体的激励方法做简单介绍。

①物质激励法主要包括:增加体育教师的薪酬;提高体育教师的福利待遇;增加除工资外的其他经济收入。

②环境激励法主要包括:创建积极健康的校园体育文化;建立和谐融洽的人际关系;提供优越的工作条件。

③制度激励法主要包括:依法实行按劳分配制度;实行合法的聘任制;实行末位淘汰制;实行教师参与管理制度;实行绩效工资制度。

二、体育教学中学生的管理

(一)学生体质健康管理

学校体育教学的主要任务是增强学生体质、促进学生健康。作为祖国的未来,学生的体质是否健康,对学校培养人才的质量造成直接影响。目前,我国大学生的体质状况令人担忧,大学生的多项体质健康指标不断下降,这一普遍现象应引起学校体育部门的高度关注,并采取措施加强学生体质与健康管理。学生体质与健康管理应做好如下四个方面的工作。

1. 健全组织机构

学校应该成立以体育学院或体育系为主导,其他部门协同配合的组织结构,按照国家规定对学生进行体质健康检查,并将体质健康纳入学生的综合评价当中,督促学生进行体育锻炼。

2. 建立管理制度

根据《学校体育工作条例》和《高等学校体育工作基本标准》的有关规定,学校应当建立健全学生健康管理制度;此外,还要针对体弱、伤残的学生建立专门的体育活动制度,开设体弱、伤残体育课与保健康复体育课,做好这类学生的体质健康管理工作。

3. 加强健康教育

学校有关部门的工作者要积极向学生宣传有关体质健康方面的知识,如清洁卫生和良好的生活习惯、疾病意外伤害的预防、营养与膳食卫生、公共卫生与环境、心理卫生等方面的科学知识;必要时开设体育健康课程对学生进行宣传教育。

4. 开展检查评估

要经常性检查与评估学生的体质与健康,并深入分析研究全体学生的体质与健康状况,根据评估与研究结果开展宣传教育,采取有效措施,促使学生养成良好的卫生习惯,进而促进学生身体健康。

(二)学生课堂纪律管理

体育课堂教学效果的好坏与学生的课堂纪律管理息息相关,上好体育课的一个重要环节之一就是加强对学生的课堂纪律管理。严格管理学生的体育课堂纪律要从以下四个方面着手。

1. 严格要求学生

教师应从以下五个方面严格要求学生。

①体育课不准迟到、早退。

②学生在上体育课时一定要穿运动服。

③不要在体育课堂上带危险品,例如小刀、镜子等。

④积极练习教师所教授的动作。

⑤学生之间要团结友爱,互相帮助。

2. 管好课堂纪律

要管好体育课堂纪律,教师要做好两个方面的工作。

①在体育课上,教师要使学生养成良好的自觉习惯。

②体育教师与学生应该注意言行举止,将课堂纪律组织好。

为了保证良好的课堂纪律,在结束教学任务后,体育教师要总结学生的表现。总结的方式主要是评比。评比促使学生遵守课堂纪律,保证体育课堂教学的有序进行。

3. 做好体育干部的培养工作

体育教师的工作是比较繁忙的,因此有时候无暇顾及学生的纪律,因此要培养体育干部,及时表扬骨干学生,充分发挥体育干部对学生的号召作用。体育干部要协助教师共同保证体育课的有序进行。

4. 教学层次要明确

教师在教学过程中需要制定明确的教学目标,制定依据之一就是学生不同的身体素质情况,这体现了因材施教的原则。依据学生的具体情况制定目标有利于学生较容易地获得成功,从而对学生的学习兴趣起到积极的激发作用。教师只有调动不同类型的学生的积极性才能保证良好的课堂纪律。

(三)学生课外体育活动管理

学生课外体育活动管理是指教师通过开展课外体育活动来满足学生体育需要,激发学生参加体育活动的兴趣,并对学生的体育运动方式、练习内容进行指导,对学生体育习惯进行引导,促使学生的体育活动可持续发展,进而达到增强学生体质、提高学生体育文化素质、促进学生身心和谐发展的目的。高校学生课外体育活动管理原则主要包括需要性原则、多样性原则、指导性原则、可行性原则。

1. 需要性原则

个人想拥有某种东西就是需要。需要会引起人的活动,主要方式是使人产生对某种东西的愿望,从而产生一定的推动力量。竞争性、娱乐性、促进身心发展等是体育运动的鲜明特点。大学生参加课外体育活动主要是自身的需要,例如提高技术水平、增强身体素质、实现自我目标、交流沟通和娱乐放松等。

2.多样性原则

学生参加课外体育活动大多是自觉的,以各自的爱好作为选择锻炼项目的主要依据。因此,体育教师在安排课外体育活动项目时,要以不同学生的实际需求为依据,选择一些既有利于促进学生健康,又在学生接受范围之内的体育项目,如体操、健美操、篮球、羽毛球、游泳等。

3.指导性原则

学生大多是凭借自己的兴趣爱好来参加课外体育活动的,因此体育教师有责任对学生进行必要的指导,让学生充分地了解自己所选择的体育活动项目,并指导学生正确掌握操作要领和必要的自我保护方法,以帮助学生达到身心健康发展的目的。

4.可行性原则

对于课外体育活动项目的安排,一方面要充分考虑学生的实际需求;另一方面也要结合学校的运动场地、器材、设备等实际条件进行安排。随着社会进步与经济的不断发展,大学生已逐步认识到体育锻炼的重要性。体育锻炼是一种健康投资,因此必须改善高校体育锻炼的基础设施条件。

(四)体育教学中管理学生的方法

1.奖惩法

奖惩法是指在体育教学中运用表扬、奖励先进学生,批评、惩罚落后学生的方式来管理学生的方法。奖惩法是鼓励学生高效完成学习任务,提高学习质量的有效措施。体育教学中正确地运用奖惩法应注意以下两点。

(1)要全面实行表彰和奖励

全面实行表彰和奖励具体包含两个方面:第一,要表彰和奖励在课堂上表现突出或在各种竞赛活动中获得良好成绩与取得进步的学生;第二,要表彰和奖励在增强学生体质、健康方面发挥积极作用的学生。

(2)奖励与惩罚相结合

奖励和惩罚相结合也就是赏罚要分明,在表彰和奖励学生的同时,也要正确地运用批评和惩罚的方法教育学生。

2.隐性管理法

隐性管理法指的是教师以课时计划为依据,除控制教学目标、教学过程和教学效果之外,间接影响和调节学生心理状态和行为的方法。在体育课堂教学中,如果体育教师可以很好地运用隐性管理,就会不知不觉地影响学生的课堂表现,从而顺利完成体育教学任务。通常,体育课堂中隐性管理法有以下四种具体方式。

(1)动作启发

在体育课堂上,学生可以感知体育教师传达出的各种信号,主要包括表情、手势及站立姿势等方面。

①表情。体育教师在课堂上表现出的面部表情具有一定的引导作用。例如教师如果鼓励学生,或者满怀希望,就会有希望的微笑或点头;教师如果赞扬与喜爱学生,就会有满意的微笑或点头。学生接受教师的表情信号后,就会按照教师期望的方向有所表现,这样的教学效果会比较好。

②手势。体育教师的手势的主要作用是传递信号。如果体育教师能够在体育课堂上运用手势,就可以更好地进行体育课堂教学与管理。体育教师的手势能够合理引导学生的思想意识,从而使学生在体育课堂中能够按照教师所引导的方向去理解。

③站立姿势。体育教师的站立姿势,与学生的距离远近等现象也会对学生的注意力有所吸引,从而能很好地组织课堂教学。

(2)情感交流

体育教学过程中,有些学生会产生害怕上体育课或者厌恶上体育课的情绪。学生产生厌学情绪的原因有很多,而教师在课堂上讲课缺乏"情"是主要原因之一。如果一个体育教师在课堂上向学生毫无感情地传授知识,不与学生进行感情交流,课堂效果是不会好的。因此,教师在体育课堂上要与学生进行情感交流,这才能更好地实现体育教学计划,完成体育教学任务。例如在一堂课的开始,体育教师要积极带动课堂气氛,自然轻松的学习氛围可以对学生产生积极影响。

(3)视觉暗示

输入视觉信号是输入体育课堂管理信息的主要形式之一。在体育课开始之前,学生来到教学地点,这时学生的心情难以平静,有的学生还没有从课前的嬉笑打闹之中完全走出来,有的学生还在回味课前的谈话而无法集中精神。学生抱着这些心态上体育课,注意力无法高度集中。这时,体育教师要通过视觉来暗示学生集中注意力,用眼神扫视全班学生,使他们分散的注意力集中到体育课堂上。在讲解体育知识或技能时,教师要向学生投去希望的目光,注意用目光关注每一个学生。如果有学生开始走神,教师要把目光集中在这个学生身上,学生就会有一种警觉的心理,开始集中精神听课。由此可见,教师可以用眼神传递想要表达的信息,使学生集中精神上好体育课。

(4)语气引导法

输入听觉信号也是输入体育课堂管理信息的一种主要形式。体育课堂教学中,体育教师可以按照所要表达的意思自由调节声音的音量、声调、语速和节奏,充分结合声音的声、情、色,并通过语气表达出来,用不同的语气引导学生的课堂行为。学生可以从教师的说话语气中听出"话外音",及时改正自己的不恰当行为。体育教师在用讲解法授课时,应该抑扬顿挫,该详细则详细,该精讲则精讲,该舒缓则舒缓,该加快则加快,该拔高则拔高,该降低则降低。有时,对于重点、关键技术可以通过反复加重语气来讲授。语气法引导还体现在教师恰到好处地运用停顿,让学生体会上,但是,停顿不能太久。

体育课堂教学中,体育教师传授知识的主要方式是身体行为和语言。而情感、动作、语气、视觉等都会起到管理课堂教学的作用,都会对学生的不恰当行为起到纠正作用,从而顺利完成体育课堂教学。

3. 柔性管理法

柔性管理法指的是在对人们的行为和心理进行研究的基础上,运用非强制性的方法将潜在的影响施加到人的心理上,从而将管理者的原本意图转化为人们的自觉行为,被管理者就转变为管理主体。

在体育教学过程中引入柔性管理法,主要原因有:①学生是体育教学活动中的主体。②现代学生有很强的主体意识和民主意识。

在体育教学中应用柔性管理法具体表现在以下三个方面。

(1)个体重于群体

由若干个体才能组成一个群体,因此柔性管理将个体看得很重。不同学生都会有不同的需求、兴趣、性格、爱好与身体素质,因此体育教学中要做到因材施教,防止片面教学。

素质教育的主要特征是对学生的人格表示尊重,对学生的个体差异表示承认,将学生的个性表示重视。现在很多学校都有个性化的教学组织形式,如专项教学、分级教学等。这些组织形式是以学生的特长、兴趣、身体素质为依据实施的。以个人或小组进行教学有利于为学生提供自由空间。

还有一种教学形式是运动处方教学,这一教学形式充分体现了体育教学的针对性原则,主要实施方法是在体育课结束后,学生积极反馈体育学习情况、身体反应、学习体会以及对教学的建议,教师对这些反馈进行认真分析与评价,然后对运动处方进行修改。这一教学形式有利于学生认识并掌握合理的、对自己有利的锻炼方法和评价方法。

(2)内在重于外在

体育教学管理学生的形式有以下两种。

①外在管理。例如教学要求、课堂纪律与课堂要求等。外在管理形式具有一定的强制性。

②内在管理。例如投入感情、说服教育、激发鼓励等。内在管理影响学生的方式是潜在的,是将教学目标转化为学生的自觉行为。

驱动学生学习是内在管理的核心,就是在一定条件下,将学生的心理因素转化为学生学习体育的内在动机。主要心理因素有好胜心、好奇心、自尊心、上进心、荣誉感、自我实现需求等。这种内因动机具有强度大、维持时间长、效果明显等特点。在体育教学过程中,教师要学会善于引导学生学习,积极鼓励学生主动学习。

(3)肯定重于否定

柔性管理法更加注重教师对学生的肯定。因为学生需要被别人尊重,需要教师鼓励、支持、认可、表扬自己,如果学生的这些需求没有得到一定的满足,那么学生的自卑感、软弱感和无能感就会油然而生。所以,体育教师在对学生进行评价时,要注意多肯定学生的优点,学生的自尊需求得到满足,就会转化为促进自己学习的动力;对学生的失败,教师要安慰与鼓励,使学生不会产生被轻视的感觉。

运用柔性管理法要注意以下两个问题。

①注意与刚性管理相结合。刚性管理法带有一定的强制性。刚性管理法有利于保证体育教学过程的顺利进行,在体育教学评价时也有统一规范的评价指标,这种管理方法具有明确的管理目标和较强的操作性。但是,刚性管理法具有固定化和简单化的管理缺陷,而柔性管理法可以弥补这个缺陷,因此应充分结合二者进行管理。

②认识柔性管理效果的滞后性。运用刚性管理法时,教师的管理意志同步于学生的具体执行意志。但是运用柔性管理法时,学生的具体执行意志明显比教师的管理意志落后。

4. 行政领导法

行政领导法是学生体育管理中最普遍、最常用的方法。它是依靠行政组织,采用行政手段,按照行政方式来管理学生体育的方法,即各级教育、体育行政部门依靠自身的权力、权威,通过向所属各部门、单位下达各种指令性信息,如命令、指示、规定、计划等,对其进行指导与控制,即实施管理的方法。

在体育的行政管理中,领导者对学生体育工作的重视程度不同,会直接影响教师体育管理的水平和质量。因此,一定要挑选对教育方针理解全面,事业心强的人员负责这方面的领导工作。正确运用行政领导法,主要应注意以下两点。

(1)下达任务与检查落实紧密结合

下达任务与检查落实紧密结合是指必须遵循发布指令、组织实施、检查督促、协调处理的基本程序;同时要做到不仅下达任务,而且重视检查落实,及时发现问题,解决问题。

(2)教育、体育各部门应相互尊重,团结协作

由于学生体育工作受教育和体育两大部门的双重领导,这两个部门之间能否相互尊重、团结协作,能否在人、财、物等方面合理分担,在一定大程度上决定着行政领导法的运用效果,直接影响着学生体育工作的顺利开展。因此,既不要造成让下级为难,无所适从的局面,也不要造成无人过问,听之任之的局面。大量事实证明,凡是教育、体育部门配合得较好的地区和单位,学生体育管理工作开展得很顺利;凡是互相扯皮,推卸责任的,学生体育管理就混乱,学生体育工作就难以得到正常开展。

5.宣传教育法

体育宣传不仅是学生体育工作中的一个重要组成部分和学生体育管理的内容之一,还是学生体育管理中的一种重要管理方法。

通过宣传教育法,既可激发学生参加体育活动的热情,指导学生自觉、科学地锻炼身体,还可调动学生参加体育活动的积极性,从而推动学生体育工作的广泛开展。实践证明,对有关学生体育的方针、政策、规章制度等执行得是否到位,与其所做的宣传是否得力有关。尤其是对正处于受教育期的大学生来说,只有加强对他们的体育宣传教育,才能取得更好的效果。因此,要通过班会、周会、板报、墙报、电视、广播、期刊、报纸以及各种类型的体育娱乐、竞赛与表演活动,大力进行体育宣传,教育学生积极参加体育锻炼,促使有关领导、管理人员和广大教职工重视学生体育工作,关心学生的健康成长。

第二节 学校体育场地设施管理

一、学校体育场地设施概述

学校体育场地设施是指在学校内开展各种体育活动的场地和设备,主要包括体育场地、体育场馆以及体育器材等。学校体育场地设施为体育教学、课余体育活动、课余训练和竞赛提供了一定的物质条件,能够提高体育教学的质量,丰富学生的课余生活,发展学生的体育兴趣爱好,促进学生身心健康发展。

二、学校体育场地设施的管理

(一)体育场地管理

学校的体育场地一般包括塑胶跑道场地、草坪场地和水泥混凝土场地,对这些场地应该采取不同的管理办法。

1.塑胶跑道场地的管理

与其他场地相比,塑胶跑道场地在性能方面较为突出,其作为现代国际比赛常用的标准场地,已经成为田径运动场地的重要标志之一。为了保证塑胶跑道长久的使用年限,需要做好以下五个方面的管理工作。

①应按塑胶场地适应范围合理使用,一般只供场地所承担的专项训练和比赛使用。

②进入塑胶场地者必须穿运动鞋,并且跑鞋鞋钉不得超过9毫米,跳鞋鞋钉不得超过12毫米。

③为防止剧烈的机械性冲击和摩擦,严禁在塑胶场地上使用杠铃、哑铃、铅球、铁饼、标枪等器材,以免塑胶场地的弹性减弱和变形。

④禁止携带易燃、易爆和腐蚀性物品进入塑胶场地,严禁在塑胶场地吸烟和吐痰。

⑤跑道上的各种线和标志要保持清晰醒目,模糊后要及时喷一层塑胶液,重新描画标志线。

对于塑胶跑道的维护,要做到比赛前后要冲洗,夏季炎热天气要喷洒凉水,以降低其表面温度。塑胶场地如果出现碎裂、脱层等现象,应按规格要求及时修补,以防蔓延。塑胶场地和周围的铅球区、沙坑、草地要经常洒水,以防尘土飞扬,影响场地的清洁。塑胶场地下水道要时常清理,以防堵塞,影响场地的正常使用。

2. 草坪场地的管理和保养

对于草坪场地的管理和保养比较复杂,要求也较为严格。草坪场地通常用于足球、棒球、垒球以及部分田赛等项目的比赛、教学等。

草坪场地的使用时间应按照季节和草的生长情况进行合理安排,具体使用时间应根据当地气候等方面的条件决定。以华北地区为例,每年12月至次年4月为草坪保养期,一般不安排使用;5月可两天使用一次;6、7、8月可每天使用;9、10、11月可两天使用一次。我国南方草坪场地可全年使用。

做好草坪场地入冬前的管理和维护工作尤为重要。入冬前,对草坪进行一年之中的最后一次修剪,这对返青时嫩叶的萌发非常有利。给草坪浇冻水,在春季土地化冻后,草会生长得特别健壮。每年冬季降雪后,把雪覆盖在草坪上,也有利于草坪的返青。早春草坪嫩叶返青前,很有必要滚压1次。因为土地表面经过整个冬季寒风侵袭后,草坪会出现裂开现象,滚压可弥补裂缝,有利于夏、秋草坪生长。返青后应及时浇水。在我国北方,特别是3月初至4月底,应每隔两天浇一次返青水,水要浇透,保持草坪场地湿润。浇水时间应根据天气决定。

3. 水泥混凝土场地的管理

对于一些学校来说,由于经费不足,只能用水泥混凝土场地,对于水泥混凝土场地的管理和维护,应做到定时打扫、清洁和修缮等。如果水泥混凝土场地可以获得很好的维护,就能够延长其使用寿命,而一旦破损,其破损速度就会加快。因此必须做好预防性、经常性的维护工作,及时发现破损,及时采取修缮措施。

对水泥混凝土场地的管理和维护,需要做到及时清扫场地上的砂石、泥土和污物,保持其整洁。雨季时,应及时清除场地内的积水。冬季时,应及时清除场地上的冰雪。在不同季节及时填充或铲除填缝料,保持接缝完好,表面平顺。填缝料的主要功能是防止雨水从接缝处渗入缝内,并避免砂石杂物嵌入接缝内导致水泥混凝土板壁被挤碎。填缝料应具备这些特点:夏季高温时不流动,在使用过程中保持一定的弹性和耐久性;冬季混凝土面板收缩变化时与缝壁粘结牢固不脱开。在填缝料时,选择在当地气温最低时对较大接缝空隙进行灌缝填料。当气温上升而填缝料挤出缝口时,应适当铲除并设法防止砂石挤进缝内。对宽度在3毫米以下的非扩展性裂缝,可用沥青、环氧树脂等低黏性材料灌注。

(二)体育场馆管理

1.体育场馆管理的基本要求

(1)完善管理制度,落实相关责任

体育场馆的管理工作是一个长期复杂的过程,需要管理人员保持耐心并对工作负责任。因为体育场馆中的很多工作都是周而复始的,如保洁人员每天的工作都是打扫同一个地方,收拾同一件物品;管理人员有时会检查同一批器材,巡视同一个地方。简单工作的重复,会让人感觉枯燥,并容易产生视觉疲劳、精神疲惫,时间长了就会降低对工作的热情,情绪就会下降,工作质量也会降低。所以,将日常工作制度化、常规化是非常有必要的。

体育场馆工作的安排可采用一周或一个月的周期安排形式进行。按照事情的轻重缓急均匀地安排在一个周期内。这样,在保证工作不单调的同时又能把需要做的事都做完。而且要把工作的质量以制度的形式规定下来,循规办事,这样就可以有效地保证工作的正常进行,有利于工作人员操作和管理人员检查。

(2)体育场馆内的项目设施搭配合理、功能齐全

因为体育项目多种多样,不同体育项目的教学会同时进行,所以体育场馆内的项目设施还应搭配合理、专馆专用,如篮球、排球、足球、乒乓球、羽毛球、健美操、武术、游泳、田径、体操等,是优先保证的体育项目。

(3)保持卫生整洁

体育场馆必须做到整洁、安全、环境优雅。在体育场地周围2米以内不能有障碍物,长期使用的大型器材应相对固定摆放,并定期进行检查维护,保证安全使用。体育器材和场馆地面要保持卫生,定期消毒和保洁,保证师生的身体健康。

2. 体育场馆的安全管理

(1)体育场馆的消防安全管理

在体育场馆安全管理中,体育场馆的消防安全管理也是十分重要的管理内容。体育场馆消防安全管理的内容主要包括消防档案管理、场馆建筑消防设施配备和使用等。

消防档案管理应包括以下几个方面。

①消防安全基本情况。主要包括单位基本概况和消防安全重点部位情况,消防设计审核、验收以及消防安全检查法律文书,消防安全管理组织机构和各级消防安全责任人,消防安全制度和消防安全操作规程,消防设施、灭火器材情况,消防安全疏散图示、灭火和应急疏散预案等。

②消防安全管理情况。主要包括消防设施检查、自动消防设施测试、维修保养记录,火灾隐患及其整改情况记录,防火检查、巡查记录,电气设备检测等记录,灭火和应急疏散预案的演练记录等。

场馆建筑消防设施配备和使用主要包括以下内容。

①消火栓。消火栓是体育场馆需要配备的重要消防器材之一。室外消火栓布置间距不应大于120米,距路边距离不应大于2米,距建筑外墙距离不应大于5米。需要指出的是,建筑超过5层或体积≥10000立方米都应该设置室内消火栓。

②灭火器。在体育场馆中,灭火器是必备的消防器材。通常而言,体育场馆内的每个灭火器设置点的灭火器配置数量不应少于2具,每个灭火器设置点的灭火器配置数量不应多于5具。手提式灭火器宜设置在挂钩、托架上或灭火器箱内。

③疏散指示标志。在体育场馆内,疏散指示标志也是不可缺少的消防设施配备之一。设置灯光疏散指示标志的部位主要在安全出口或疏散出口的上方、疏散走道。疏散指示标志的指示方向应指向最近的疏散出口或安全出口。

(2)体育场馆的卫生安全管理

体育场馆的卫生安全状况往往会影响训练者的训练情绪和积极性,因而对体育场馆卫生安全的管理也是非常重要的。体育场馆的卫生安全管理工作要求划分卫生区域,建立责任制,做到责任落实到人;坚持卫生工作标准化、检查制度化,做到自查与抽查相结合、普遍检查与重点检查相结合。

体育场馆的卫生安全管理的具体标准如下:

①体育场地卫生标准:地面无尘土,无杂物,无痰迹,无污点;饮水台清洁,干净,无杂物;标箱和果皮箱内外清洁,无污渍;天花板无灰尘,无蜘蛛网,墙壁洁净无污迹;门板干净,清洁;玻璃干净,明亮,无污点。

②观众席卫生标准:地面清洁,无垃圾,无污迹,不粘脚;座椅干净,无污物,无灰尘;通道和楼梯干净,死角无脏物;油墙及护栏无尘土,无污迹。

③厕所卫生标准:地面清洁无污点,无痰迹,无杂物;墙壁瓷砖无水锈,隔扇门干净无污迹;洗手池和地漏不堵,无杂物,无异味;便池无粪迹,无尿碱,无水锈;水箱、管道和镜子干净,无污迹;灯罩和灯泡无灰尘。

(三)体育器材管理

1.制定体育器材的使用方法与管理制度

体育器材的使用方法和管理制度有助于体育器材的正确使用,体育器材使用的借用手续、使用方法、归还方法和非正常损坏的赔偿办法等管理制度,有助于体育器材的有效使用,可减少不必要的消耗和损坏,以延长器材的使用寿命。

为了使体育器材管理更加规范,体育器材的管理应做到分门别类地放置。对于使用频率不同的器材要分开放置,对于形状不同的器材也要分开放置。例如标枪、横竿、铅球、篮球、排球、足球等要上架;羽毛球拍、网球拍等要悬挂整齐;服装、小件器材等要入柜。

关于体育器材的借用手续,通常是借助工作证、学生证或个人身份证办理,借用一些特殊的体育器材还应交付一定的押金。使用办法包括正确使用的流程和禁止的事项。一些固定性的体育器材附近应注明使用的方法和注意事项。在一些体育器材的使用过程中,还应该做好现场指导、监督工作。体育器材在使用后,应归还原处,在归还体育器材时,工作人员应核实归还数量与借出数量是否符合,器材是否有损坏,并做好记录。器材如有非正常损坏,应根据损坏情况和相关赔偿制度做出恰当的处理。

2.体育器材设备的维护和保养

体育器材设备的维护和保养是延长体育器材设备使用寿命、保证训练者安全的重要措施。由于体育器材设备种类繁多,其制作材料更是多种多样,有金属、木材、人造革、皮、橡胶、棕、毛、布和化纤材料等。由于体育器材的材料各不相同,在维护和保养方面也有差异。例如针对金属制作的器材生锈问题,可以上漆或上油;针对木材制品防潮变形的问题,可以根据实际情况给木材制品外表涂油漆、蜡封;皮革制品必须防潮,忌暴晒,长期保存必须涂保革油;凡是用橡胶制作的器材设备要防止加速老化,禁止与油漆接触,忌存放在高温环境里。

体育器材设备的保养管理要科学地安排保养时间和保养内容,并把责任落实到具体的工作人员;要以文字形式提出具体的器材保养要求,如果是进口器材,则应及时将外文部分翻译成中文;要制订每日、周、月、季、半年、一年的维护计划。一般日常保养都由服务人员、使用人员承担,大型设备的定期保养由专业维修人员承担。总负责人要定期、不定期地检查器材的保养状况,及时发现问题,做出恰当的补救措施。

第三节　学校体育经费管理

一、学校体育经费的预算

按年度对学校体育教学的各项经费进行收支预算,是保障学校体育教学活动顺利进行的重要工作。具体的预算工作,应该包括以下几个方面。

①严格执行国家和学校制定的财务制度。

②上年度收支指标完成情况分析和决算财务分析。

③本年度学校经费预算的指导思想。

④本年度学校体育自我创收经费估计。

⑤学校对经费预算的内容要求。

⑥本年度开展学校体育工作所需要的经费预测或者与上年度相比主要增减项目。

⑦熟悉预算科目和预算表格。

体育教学部(室)在对体育经费的使用与管理方面,应当在遵循勤俭节约原则的基础上,以财务管理的规定和权限为主要依据,履行相应的报批手续,严格执行国家和学校制定的财务制度与经费使用办法。

二、学校体育经费的来源

学校体育经费的来源有很多,其中,最主要的有事业拨款、学校筹措、社会筹资和学院自行创收四个方面。具体如下:

(一)事业拨款

在教育行政部门按学生人数下拨的教育事业经费中用于体育的部分,就是事业拨款。目前,这一来源是学校体育经费中最主要的部分。事业拨款的用途主要有三个方面:

①维持正常体育教学工作的开展。

②用于购置大型体育设备所用的体育设备费。

③体育场地设施建设专项经费。

(二)学校筹措

学校筹措是指学校通过创收后,将获得的部分资金用于支付体育教师的课时酬金等。目前在一些发达地区,学校筹措已经是学校体育经费的重要来源。

(三)社会筹资

学校或体育教学部(室)通过举办重大比赛、参加重大比赛以及体育场馆建设等向社会各界募集得到的赞助费,就是社会筹资。

(四)学校自行创收

由体育教学部(室)通过一些途径向师生和社会人员提供有偿服务而获得的收入,就是自行创收,这样的创收也能获得一部分经费。

三、学校体育经费的支出

在体育教学中,需要经费投入的地方有很多,主要包括以下三个方面。

①体育场地设施建设费用:主要用于体育场地设施的建设。

②体育教学活动产生费用:主要用于课外体育竞赛活动、学校运动队训练与比赛等。

③体育器材费用:主要用于购买体育器材、体育器材设备的维护等产生的费用。

四、学校体育经费管理的内容

(一)体育教研经费管理

随着高等教育的不断深化改革,体育课程教学的改革也在不断进行,这就需要体育教研经费作为保障。体育教研经费的管理从以下两个方面入手。

1.出席各级体育学术会议的费用

随着体育科学的不断发展和完善,学校每年都会举行各种各样的学术会议,体育教师为了提高自己的教学水平和科研能力,应该参加一定的学术会议来补充知识和提高能力,而参加这些学术会议就需要一定的经费作为支撑。

2.外出考察观摩学习的费用

在体育课程教学改革过程中,对教育部门下发的文件的理解,每个学校都会存在差异。通过外出考察、观摩和学习,能够通观全局,找到适合本校的改革方案,进一步改进本校的体育课程教学。因此,外出考察观摩的费用就需要列入每年的体育经费预算中。

(二)体育器材经费管理

体育器材可以分为不同的种类,比较常见的有大型器材和小型的消耗品。其中,大型器材通常不会经常购置,只有小型消耗品需要每年添置。加强对各项体育经费的管理,提高体育器材的使用效率,使体育器材成本得到有效降低,从而使体育器材经费发挥更大的作用。通常情况下,对体育器材经费的管理主要从以下三个方面入手。

1.科学制定采购器材的预算

以每年体育器材消耗费用、第二年增减项目的器材费用、体育教师工作服、机动费用等为主要依据,将年度采购的预算做出来。通常情况下,每年体育器材的消耗费用是固定的,如篮、排、足、羽等,每年在球和球拍的使用上消耗比较大。这笔费用是每年采购预算必列项目。第二年增减项目的器材费用通常情况下是应对改革需要和处理特殊情况对器材购置做调整而准备的。体育教师工作服要根据每个学校的情况来采购,可以集体采购,也可以由体育教师自己购买,但是必须纳入年度采购的预算项目内。机动费用一般是灵活经费,由于每年经费都会有一定的增减,机动费用是以备不时之需的。

2.提高采购行为的规范化

每年高校体育器材的采购是一笔不小的开支,采购的质量和渠道对高校有限的体育经费能否充分发挥作用会产生非常重要的影响。鉴于此,必须杜绝经济交往中的不正常行为,提高采购透明度,保证采购行为的规范化。

3. 减耗增效

要想降低采购体育器材的经费,就要充分发挥体育器材的作用,把损耗降到最低。但是,不可否认的是,只要器材使用就肯定会有损耗,因此,这就要求学校一定要在管理方面加大力度,建立健全体育器材管理制度,规范器材采购和管理,使不必要的损失尽可能地减少。

(三)体育竞赛经费管理

体育竞赛的经费投入,主要是用于开展体育竞赛活动,丰富学生的课余生活,提高学生身心健康。

1. 校内体育竞赛

学校每开展一项体育竞赛,就会涉及许多具体的经费问题,主要包括添置器材费、组织编排费、裁判劳务费、奖品费等。

(1)添置器材费

通常情况下,添置器材的费用会在年度体育器材预算中得到体现,如果出现事先无法预料的事情,需要临时添置器材,就要动用机动费用。

(2)组织编排费

组织编排费是指,负责编排的教师组织制定竞赛规程、召集有关人员开会布置工作、培训裁判(理论学习与实习)、编排竞赛日程、准备裁判器材、安排裁判和比赛队、准备奖品等各种竞赛事项所得的报酬。

(3)裁判劳务费

裁判劳务费要以各校的不同情况合理制定标准,而且要注意教师和学生是有所区别的。对教师可以折算成课时,或用其他方式;对学生以培养学生的组织裁判能力为主,以适当的经济补贴为辅。

(4)奖品费

体育竞赛奖品费与职业体育竞赛是有一定差别的,具体来说,体育竞赛奖品费主要以鼓励学生为主,经济奖励为辅;集体荣誉为先,个人荣誉在后。因此,在分配奖励时,要重集体轻个人,加重集体名次的奖励,个人名次以发给荣誉证书为主，也可以发少量奖金。

2. 校外体育竞赛

随着现代体育的发展，越来越多的高校开始组织运动队参加校外体育竞赛，参加校外体育竞赛需要一定的竞赛经费。具体来说，要从以下四个方面进行校外体育竞赛经费的管理。

(1) 训练的器材费用

要想参加校外竞赛，就要进行一定的训练，因此，需要配备专门的体育器材，在购买这些器材时，应该选择一些质量较高的器材，不能选择质量较差的器材。

(2) 运动员比赛的服装费用

通常情况下，要求运动员的比赛服装在每年大赛前添置一套，也可以根据本校情况和运动员需要增加相应的配置。运动员比赛的服装经费要根据市场价格确定，并且服装要与竞赛规则相符，同时还要具有实用、美观等特性。

(3) 运动员的训练补助

校外体育竞赛经费的一项重要开支是运动员的训练补助。运动员经过训练可以为学校争得荣誉，在训练过程中，要注意营养的补充，因此，必须根据比赛的水平和运动员的身体状况进行训练补助。

(4) 教练员的训练补助

运动员参与竞赛需要教练员的全身心投入，随时对训练计划进行适当调整，还需要随时掌握竞争对手的情况等，外出参加比赛还需要与教练员沟通交通事宜，这些需要耗费很大的精力。因此，为了能够让教练员集中精力将训练和竞赛做好，应该对教练进行一定的训练补助。

参考文献

[1]曹颖,段旭亮.体能训练在高校体育教育中的创新体系[J].当代体育科技,2022(9):75-77.

[2]陈兴雷,高凤霞.高校体育教育与管理理论探索[M].天津:天津科学技术出版社,2022.

[3]陈昱,兰润生.高校体育教育融入游戏的价值选择与实施路径[J].吉林工程技术师范学院学报,2023(2):85-88.

[4]丁玉旭.高校体育教育训练学专业课程设置现状与策略分析[J].情感读本,2020(29):39-40.

[5]董一凡,牟少华.高校体育教育研究[M].昆明:云南大学出版社,2010.

[6]方平.高校体育教育训练现状研究[J].当代体育科技,2018(8):23+25.

[7]何鑫.高校体育教育管理创新途径探讨[J].文体用品与科技,2021(19):166-168.

[8]胡晓光.高校体育教育训练教学和心理健康教育的融合实践研究[J].中国学校卫生,2022(12):19-24.

[9]来军.论高校体育教育与运动训练工作的重要性[J].体育画报,2022(8):185-186.

[10]李建春.基于素质教育视角的高校体育教学改革与发展探索[M].北京:中国书籍出版社,2022.

[11]李陆军.高校体育教育训练的思考与探索[J].中国电子商务,2012(4):260.

[12]李艳平.高校体育教育创新模式探究[J].拳击与格斗,2023(2):73-75.

[13]林丽芳.现代高校体育教育专业多维构建[M].北京:北京出版社,2021.

[14]林县伟.浅析当代高校体育教育与训练工作[J].亚太教育,2016(31):120.

[15]刘瑞.高校体育教育与素质教育的发展措施[J].大众商务(上半月),2021(6):238.

[16]刘同众."五育并举"背景下高校体育教育体系构建[J].新教育时代电子杂志(教师版),2022(27):77-80.

[17]刘伟.高校体育教育创新理念与实践教学研究[M].北京:九州出版社,2019.

[18]骆劲松.我国高校体育教育的现状和对策研究[J].花炮科技与市场,2020(3):52.

[19]施小花.当代高校体育教育理论与发展探究[M].长春:吉林人民出版社,2021.

[20]受中秋,王双,黄荣宝.高校体育教育发展与改革探究[M].长春:吉林大学出版社,2018.

[21]王冬梅.高校体育教育创新发展研究[M].长春:吉林人民出版社,2021.

[22]王丽丽,许波,李清瑶.教育技术在高校体育教学中的实践探索[M].长春:吉林人民出版社,2021.

[23]王彦舒.高校体育训练实践教学创新探索:评《高校体育教育创新理念与实践教学研究》[J].中国教育学刊,2021(12):111.

[24]吴正兴.高校体育教育与终身体育教育的策略[J].山西青年,2021(19):73-74.

[25]谢萌.高校体育文化教育研究[M].长春:吉林人民出版社,2021.

[26]谢明.高校体育教育理论探索与实务研究[M].长春:吉林人民出版社,2020.

[27]徐丽,牛文英,韩博.高校体育教育与实践[M].北京:新华出版

社,2018.

[28]许智勇.浅析当代高校体育教育与训练工作[J].体育世界,2015(3):98-99+105.

[29]杨波,刘日良,朱明月.高校体育教育[M].北京:中国石化出版社,2018.

[30]杨乃彤,王毅.高校体育教学创新及运动教育模式应用研究[M].北京:九州出版社,2019.

[31]袁莉萍.中国高校体育教育研究[M].武汉:湖北科学技术出版社,2013.

[32]张亮.高校体育教育训练的研究及发展趋势[J].运动－休闲(大众体育),2022(9):91-93.

[33]张巧玲.高校体育教育训练的实践探究[J].当代教研论丛,2018(7):120.

[34]张旖旎,张秀丽,杨建灵.体能训练在高校体育教育中的创新体系[J].网羽世界,2021(22):31-32.

[35]钟频.新形势下高校体育教育教学改革研究[J].冰雪体育创新研究,2022(18):114-117.

[36]周丽云,刘朝猛,王献升.高校体育教育理论与项目实践教程[M].北京:中国书籍出版社,2022.

[37]朱贺萌.体能训练在高校体育教育中的创新体系分析[J].体育风尚,2020(2):42-43.

[38]朱林.关于高校体育教育训练的研究及发展趋势[J].体育画报,2021(8):222-223.